Anonymous

# Richelieus Stellung in der Geschichte der französischen Litteratur

Anonymous

**Richelieus Stellung in der Geschichte der französischen Litteratur**

ISBN/EAN: 9783743687899

Hergestellt in Europa, USA, Kanada, Australien, Japan

Cover: Foto ©ninafisch / pixelio.de

Weitere Bücher finden Sie auf **www.hansebooks.com**

# Richelieus Stellung in der Geschichte der französischen Litteratur.

Eine litterarische und grammatische Untersuchung.

Inaugural-Dissertation

zur Erlangung der Doktorwürde

der

philosophischen Fakultät der Universität Jena

vorgelegt von

**Armin Rückoldt**

aus Jena.

**Jena,**
Frommannsche Buchdruckerei
Hermann Pohle
1889.

# Inhalt.

**Einleitung.**
Charakteristik des 16. und 17. Jahrhunderts in litterarischer Hinsicht . . . . . . . . . . . 1
Notizen über Richelieus Leben . . . . . . . 5

**Richelieus Schriften, litterarisch untersucht.**
Ordonnances synodales . . . . . . . . . 7
Harangue u. s. w. von 1615 . . . . . . . . 7
Les quatre points principaux de la foy de l'Eglise . . . 12
Instruction du Chrestien . . . . . . . . 13
Harangue à la Reine von 1620 . . . . . . . 16
Ein Brief an den Bischof Du Bellay . . . . . . 16
Die Briefe Richelieus, herausgegeben von Avenel . . . 17
Perfection du Chrestien . . . . . . . . 21
Memoiren . . . . . . . . . . . 22
Journal . . . . . . . . . . . . 24
Ein Manuskript über die italienischen Kriege . . . . 24
Testament politique . . . . . . . . . 25

**Richelieus Schriften, grammatisch untersucht.**
1) Hinsichtlich der Syntax . . . . . 27
  A) Das Pronomen . . . . . . . . . 28
  B) Das Zahlwort und der unbestimmte Artikel . . 40
  C) Das Verbum . . . . . . . . . 41
  D) Das Adverb . . . . . . . . . 46
  E) Die Präpositionen . . . . . . . . 48
  F) Die Konjunktionen . . . . . . . . 51
  G) Koordinirte Satzglieder und Sätze . . . . 55
  H) Die Wortstellung . . . . . . . . 58
2) Hinsichtlich des Satzbaues . . . 61

**Schlufs** . . . . . . . . . . . . 63

# Einleitung.

### Charakteristik des 16. und 17. Jahrhunderts in litterarischer Hinsicht.

Von allen Jahrhunderten, die die Geschichte kennt, zeigt keins so wilde und stürmische Ereignisse, solch leidenschaftliches, todesmutiges Streben auf allen Gebieten wie das 16. Jahrhundert der französischen Geschichte. Schwere Kämpfe außen und innen, Kämpfe um monarchische und republikanische Verfassung, um kirchliche Herrschaft und Religionsfreiheit, um Beschränkung des Wissens und Aufklärung erregten und erschütterten die ganze Nation, bis sie am Ende des 16. Jahrhunderts sich ausgetobt hatte und wegen Erschöpfung in Ruhe verfiel, in welcher sie lange Zeit blieb, abgesehen von unbedeutenden, nur einen kleinen Teil der Bevölkerung berührenden Störungen. Ein schroffer Gegensatz liegt in politischer, sozialer und religiöser Hinsicht zwischen dem 16. und 17. Jahrhundert und ein ebenso großer in litterarischer. Keine Periode der französischen Litteraturgeschichte erlebte so wechselvolle Übergänge wie das 16. Jahrhundert. In der 1. Hälfte desselben herrschte Clément Marot und seine Schule. Bei ihm findet man noch die Naivität und Sorglosigkeit der Dichter früherer Jahrhunderte, er gehört noch dem Mittelalter an und schließt in der Form, dem Inhalt und der Sprache seiner Werke eine große Periode der französischen Litteraturgeschichte völlig ab. Die Dichter der 2. Hälfte des 16. Jahrhunderts, Ronsard und seine Schule, sind weder Cl. Marot's Nachfolger noch Erben, sondern Gegner, welche bei ihrem ersten Auftreten siegten. Sie schlossen sich nicht an die vorhandene Litteratur an, suchten nicht sie zu übertreffen, sondern strebten eine neue Litteratur zu schaffen, für die die griechische und römische als Vorbild dienen mußte. So ging die Poesie in die Hände der Gelehrten über und wurde vornehm und exklusiv in Bezug auf ihr Publikum; dadurch wurde die Herrschaft der volkstümlichen Dichtungen, deren letzter Vertreter Cl. Marot war, obwohl Hofdichter, gebrochen. Die Werke von Ronsard und seinen Anhängern überraschten und blendeten durch Neuheit und Vornehmheit, wurden aber nie volkstümlich; sie waren wie Treibhauspflanzen: für einige Zeit hübsch, aber nicht lebensfähig. Darum erscheint es ganz natürlich, daß Ronsard noch schneller und noch tiefer in Vergessenheit fiel als Cl. Marot, ohne daß ein genialer Gegner ihn durch größere Leistungen übertraf. Er wurde sicherlich nicht von Malherbes von seinem Dichterthron gestoßen, denn Werke, die den gebildeten Teil einer Nation entzückt haben, werden nicht bald vergessen, weil ein wenig bekannter Dichter 3. Ranges nachträglich einige Fehler daran findet; Ronsard und seine Schule fiel, weil der Geschmack an Dichtungen seiner Art dahin war. Seitdem vergingen viele Jahre, ehe ein Odendichter wieder so berühmt wurde, wie Ronsard gewesen war, und poetische Erzeugnisse wie die von Cl. Marot erschienen erst wieder, als noch einmal furchtbare innere und äußere Stürme Frankreich durchwühlt hatten, und nachdem die kraftvollen und trotzigen Ideen des 16. Jahrhunderts sich einen offenkundigen Platz und sichtbare Geltung verschafft hatten.

Nachdem im 16. Jahrhundert zwei litterarische Strömungen schnell untergegangen waren, trat Stillstand in die Entwickelung der Formen der Litteratur; dagegen entwickelte sich die Sprache, als Werkzeug der Litteratur, um so mehr, aber nur in formaler Hinsicht, denn der Wortschatz wurde kleiner. Cl. Marot hat noch dialektische und volkstümliche Wörter; Ronsard und seine Anhänger verdrängten sie und führten neue ein, welche größtenteils mit ihren Schöpfern zugleich verschwanden, ohne ersetzt zu werden. Je mehr die Dichter und Schriftsteller Fühlung mit dem Hof bekamen und je mehr feinere gesellschaftliche Formen in alle Kreise der Bevölkerung eindrangen, um so mehr verarmte die Sprache und um so mehr gewann sie an Ausdrucksfähigkeit.

In der Zeit zwischen dem Tode Ronsard's und dem Auftreten Corneille's entstand kein hervorragendes dichterisches Werk, und doch ist diese Zeit nicht ohne Bedeutung, weil in sie die Vorbereitung und Sammlung der litterarischen Kräfte fällt, die im 17. Jahrhundert die Blüte der klassischen Litteratur hervorbrachten. In jener Zeit stießen die französischen Schriftsteller aus der Sprache alles Grobe, was aus früheren Jahrhunderten geblieben war, und alles Schwerfällige, was durch Einfluß der klassischen Sprachen seit der allgemeinen Verbreitung der humanistischen Studien (sogenanntes Wiederaufleben derselben, die allgemeine, aber falsche Bezeichnung) eingedrungen war. Zwischen der Sprache zur Zeit von Ronsard und der Sprache von Balzac, Voiture u. A. ist ein großer Unterschied. Die französische Sprache des 17. Jahrhunderts wurde Hofsprache in fast ganz Europa und die internationale Verkehrssprache aller Gebildeten und derer, die als solche gelten wollten. Die Fähigkeit zu solch einer Verbreitung erlangte das Französische am Ende des 16. und in der 1. Hälfte des 17. Jahrhunderts, also in kurzer Zeit. Um die genannte Wandlung der Sprache verfolgen und besser verstehen zu können, ist es nötig, die Werke, die während derselben geschrieben worden sind, auch die inhaltlich unbedeutenden, in Bezug auf Grammatik und Form zu untersuchen. Auf Grund mehrerer solcher Untersuchungen von Werken, deren Entstehung zeitlich nahe liegt und etwa die Zeit von Ronsard bis Balzac umfaßt, könnte man dann eine Geschichte der Entwickelung des klassischen Französisch und nach entsprechenden Untersuchungen für die gesamte Entwickelung schreiben. Eine Entwickelungsgeschichte (nicht »historische Grammatik«) des Französischen in dem hier angegebenen Sinne ist noch nicht geschrieben worden. So ist gezeigt worden, daß die Untersuchung von Richelieu's Schriften, derer Entstehung in die Zeit von 1613—1642 fällt, mag auch deren Wert inhaltlich gering sein, mindestens in einer Hinsicht nutzbringend sein wird.

## Notizen über Richelieu's Leben.

Zum bequemeren Verständnis der Entstehung von R.'s Schriften mag das Folgende dienen: Armand de Richelieu, der spätere Kardinal, war als jüngster von 3 Brüdern für den Soldatenstand bestimmt. Seinem ältesten Bruder fielen die unbedeutenden Familiengüter zu und seinem 2. Bruder das Bistum Luçon als Pfründe. Plötzlich entschloß sich der letztere, der geistlichen Laufbahn zu entsagen und Mönch zu werden. Seine Familie wollte jenes Bistum nicht aus ihren Händen kommen lassen und zwang Armand, welcher sich in der Reit- und Fechtakademie ganz wohl befand und große Neigung zu seinem künftigen Beruf fühlte, seinen Hoffnungen auf militärische Größe zu entsagen und in ein geistliches Seminar einzutreten, damit er später das seinem Bruder bestimmt gewesene Bistum Luçon verwalten konnte. Er fügte sich und betrieb seine Ausbildung mit Eifer. Nachdem er sich hauptsächlich mit theologischen Streitfragen beschäftigt hatte, in deren rednerischer Behandlung er sich mehrfach öffentlich auszeichnete, machte er ein gutes Examen und erlangte 1607 teils durch Fürsprache, teils durch sein gewandtes Auftreten die bischöfliche Weihe, trotzdem er noch zu jung war. Kurz danach wurde er berufen, um vor der Mutter Ludwigs XIII., Marie von Medici, zu predigen, wobei er allgemein gefiel und ihr am meisten. Obwohl er Gelegenheiten suchte, um ihr seine Ergebenheit zu beweisen und sich öffentlich hervorzuthun, fand sich lange Zeit keine. Endlich 1615 gelang es ihm, für eine Ständeversammlung zum Sprecher der Geistlichkeit gewählt zu werden. Er hielt bei dieser Gelegenheit eine lange Rede, in der er nicht nur energisch die Interessen der Geistlichkeit vertrat, sondern auch geschickt die Verdienste von Marie von Medici, der bisherigen Regentin, um die Regierung von Frankreich pries und bat, ihr weiterhin Einfluß auf sie zu gestatten. Durch diese Rede war sein Glück gemacht. Die Königinmutter ließ ihn zum Staatsrat und Minister ernennen und zog ihn bei allen wichtigen Angelegenheiten zu Rate. Er versäumte nicht, sich mit dem Marschall d'Ancre, dem Gatten ihrer vertrautesten und einflußreichsten Freundin, und mit dem Günstling des Königs, Albert de Luynes, dessen aufsteigenden Einfluß er erkannte, auf guten Fuß zu stellen. Mit großer Vorsicht muß er sich zwischen beiden bewegt haben, denn er stand bei beiden gut, doch hat er in den Beziehungen zu ihnen nie seinen Charakter verleugnet noch unwürdig gehandelt. Nach der Ermordung des Marschall d'Ancre und der Hinrichtung von dessen Gattin und dem gleichzeitigen Sturz der Partei dieser beiden im Jahre 1617 schloß er sich der Königinmutter an, als sie auf Befehl ihres Sohnes Paris verlassen und in Blois bleiben mußte. Noch in demselben Jahre verließ Richelieu Blois infolge der Ränke von seinen Feinden und von Luynes, welcher ihn heimlich fürchtete, und begab sich in seine Diözese. Ludwig XIII. schrieb ihm sogleich, daß er so recht gehandelt habe und sein Bistum ohne ausdrücklichen Befehl nicht verlassen solle. Durch geschickte Verhandlungen gelang es R. 1620, zwischen Ludwig XIII. und dessen Mutter ein besseres Verhältnis herzustellen und 1624 eine Versöhnung herbeizuführen, welche R.'s Aufsteigen zu den höchsten Würden und Ämtern zur Folge hatte. Von 1617 bis 1623 beschäftigte er sich eifrig mit theologischen Studien und mit der Abfassung theologischer Schriften, einesteils um sich berühmt zu machen, andernteils, insofern sie sich gegen die Hugenotten richteten, um dem König zu gefallen, welcher als strenggläubiger Katholik ebenso wie R. die Hugenotten haßte. Die späteren Schicksale und Thätigkeiten R.'s bedürfen keiner besonderen Erwähnung.

## Richelieu's Schriften.

### Litterarisch untersucht.

Das erste, was von R. gedruckt erschien, ist eine kurze Zusammenstellung der Grundsätze, nach welchen er sein Amt als Bischof verwalten wollte. Sie erschien 1613 in Fontenay unter dem Titel »Ordonnances synodales« und ist in ein Buch in Kleinduodez zusammengedruckt mit einer Unterweisung für Beichtende, welche auf seine Veranlassung von seinem Großvikar Flavigny verfaßt ist. Das genannte Buch ist sehr selten und enthält nichts von Bedeutung; der vollständige Titel des ersten Teiles ist: Briefve et facile instruction pour les confesseurs, composée par maistre Jacques de Flavigny, docteur en théologie et grand-vicaire de monsieur l'évesque de Luçon, par commandement de mondit Seigneur, à Fontenay, chez Pierre Petit-Jan, imprimeur du roy, 1613.

Die nächste gedruckte litterarische Arbeit von R. ist die Rede, die er am 23. Februar 1615 als Vertreter der Geistlichkeit in der Schlußversammlung der 3 Stände hielt. Die Veranlassung ergab sich folgendermaßen: Nachdem am 27. Oktober 1614 die Ständeversammlungen in Paris von Ludwig XIII. eröffnet worden waren, wurde eine Versammlung nach der anderen gehalten, ohne daß ein Beschluß gefaßt wurde, weil die Vertreter der 3 Stände sich nicht einigen konnten und sich entgegenarbeiteten. Der Adel verlangte dringend die Abschaffung der Erblichkeit und Käuflichkeit der Ämter, die Geistlichkeit erstrebte Steuerfreiheit und eigene Gerichtsbarkeit, der 3. Stand völlige Unabhängigkeit des Königs von der Kirche und Beibehaltung des Ämterverkaufes. Da der König zu keinem der Stände neigte, trotzdem er von ihnen mit Gesuchen bestürmt wurde, und da er gern Ruhe haben wollte, setzte er auf den 23. Februar 1615 eine Schlußversammlung an, in der jeder Stand durch einen Sprecher seine Wünsche vortragen lassen sollte. R. war als guter Prediger, Feind der Hugenotten und eifriger Verfechter der Unabhängigkeit der Kirche von weltlicher Macht bekannt, und man wußte, daß er am Hofe gern gesehen war; darum wurde er von der Geistlichkeit zu ihrem Sprecher gewählt. Seine Rede, deren Vortrag über eine Stunde dauerte, ließ er bald darauf drucken, denn schon im Mai desselben Jahres schrieb er zum 2. Mal an seinen Drucker Cramoisy in Paris, daß dieser ihm 20 Exemplare seiner Rede zuschicken sollte. Sie erschien unter dem Titel: Harangue prononcée en la salle du Petit-Bourbon, le XXIII février 1615, à la closture des Estats tenus à Paris, par révérend père en Dieu messire Armand-Jean du Plessis de Richelieu, évesque de Luçon. Paris 1615, Sébastien Cramoisy. Sie wurde dann noch mehrmals einzeln gedruckt; außerdem findet sie sich nach dem ursprünglichen Druck wiedergegeben in der Histoire de Louis XIII. par Claude Malingre und mit einigen mildernden und modernisierenden Änderungen in der Petitot'schen Ausgabe von R.'s Memoiren. Das Manuskript der Rede hat noch nicht gefunden werden können und auch keiner der Separatdrucke. Der Inhalt ist annähernd folgender:

»Im alten Rom durften die Sklaven jedes Jahr ihren Herrn einige Tage straflos Vorwürfe wegen schlechter Behandlung machen. Wir, nicht von Geburt, sondern durch Liebe die Sklaven Euer Majestät, können bei ähnlicher Gelegenheit nur Lob und Segenswünsche aussprechen. Die Übel, über die wir uns zu beklagen haben, rühren von unseren Sünden und von der unglücklichen Zeit her, in der wir leben. Unser Unglück wird verursacht durch zu große Staatsausgaben, und diese haben die Bedrückung des Volkes zur Folge, welches doch allein schließlich alle Lasten tragen muß. Das Volk muß die Gerechtigkeit, die es unentgeltlich zu fordern das Recht hat, teuer bezahlen, und das nur, weil die Regierung durch übergroße Ausgaben genötigt ist, die Ämter zu verkaufen. Die Verschwendung der Könige kommt nur einzelnen Großen zu gute. Der größte Teil des Adels ist arm und hat nicht einmal genug Geld, um sich Stellen kaufen zu können. Um einzelne Adlige zu belohnen und zu bereichern, haben die Könige wegen Geldmangels sogar die Kirchengüter nicht geschont und sie damit beschenkt. Das ist nicht das einzige Unrecht, das der Kirche widerfährt. Früher haben bei allen Völkern, auch bei heidnischen, die Diener der Religion bei den Königen in geistlichen und weltlichen Dingen den größten Einfluß und die höchsten Stellen gehabt. Unter solchen Umständen blühte die gallikanische Kirche, jetzt ist sie in Verfall geraten. Es scheint, daß die Diener Gottes als solche unfähig sind, ihren Königen zu dienen. Es genügt, Laie zu sein, um im Rat der Könige jedem Geistlichen vorgezogen zu werden. Trotzdem die Geistlichen den Zehnten von ihren Einkünften geben, entreißt man ihnen ihre Güter, um sie an verdienstlose und unfähige Menschen zu verschenken. Jetzt bleibt der ihrer Ehre, Autorität und Güter beraubten Kirche nichts anderes übrig, als dem Tode nahe sich an den einzigen Helfer zu wenden, ihm das Herz zu rühren und ihn um Rettung anzuflehen. Da in Frankreich die meisten Pfarrstellen von Äbten vergeben werden und die Abteien häufig in die Hände von unfähigen Menschen und Ketzern kommen, so gelangen dann auch die Pfarrstellen an Unwissende und Gottlose. Dadurch gehen viele der ihnen anvertrauten Seelen verloren. Euere Maj. wird diesen Verlust vor Gott zu verantworten haben. Mit großem Unrecht besteuert man die Geistlichen, nur Gebete kann man von ihnen verlangen, und die nützen mehr als die Waffen des Adels und das Geld der Bürger. Trotzdem auf vielen Konzilen und von vielen hervorragenden Männern behauptet worden ist, daß die Geistlichkeit nur Geistliche über sich richten lassen kann, unterwirft man sie nicht nur in weltlichen, sondern auch in geistlichen Dingen dem Urteil von Laien. Ein Fürst, der die Übergriffe in die Rechte der Kirche gestattet, gibt selber seinen Unterthanen ein Beispiel, daß sie seine Macht verachten. David und Christus nennen die Beraubung des Tempels das Zeichen für den Untergang der Welt, und demnach haben wir die Beraubung der Kirche als Zeichen für den Untergang dieser Monarchie anzusehen. Aber das entsetzlichste von allen Verbrechen ist ganz kürzlich geschehen [einige Hugenotten hatten eine Hostie zertreten], und das in Frankreich, im Lande Euer Majestät. Gott wird jene Übelthäter ewig in der Hölle strafen; die übrigen in Irrtum Befangenen wollen wir durch Gebete auf den rechten Weg führen. Die Unglücksfälle, die über uns gekommen sind, sind ein deutlicher Beweis von Gottes Zorn. Um die vorhandenen Übel wegzuschaffen, ist es nicht nötig, neue

Gesetze zu geben, Euer Maj. mag darauf sehen, daß die der früheren Könige gehalten werden. Wie ruhmvoll wird Ihre Regierung sein, Sire, wenn Sie die Altäre Gottes wieder aufrichten, der Kirche neues Leben geben und die Ordnung im Staate wiederherstellen! Der Himmel hat Euerer Maj. eine große Gnade durch die Erhaltung Ihrer Mutter widerfahren lassen. Diese Mutter hat das Staatsschiff in den Hafen des Friedens geführt, bevor sie es in die Hände E. Maj. gegeben hat. Ganz Frankreich, Madame, ist verpflichtet, Ihnen Ehren zu erweisen; Sie haben viel gethan, aber wir bitten Sie, auch fernerhin an der Regierung teilzunehmen. Der König möge sofort an der Wiederherstellung der Kirche arbeiten, vor allen Dingen ist es nötig, daß er die Beschlüsse des Trientiner Konzils bekannt macht und ausführt. Wir bitten Gott, daß er E. Maj. seinen Beistand leiht.«

Diese im ganzen gut disponirte und streng sachlich ausgeführte Rede ist ein schönes Beispiel für die Energie, mit der R. seine Ziele verfocht, und für seine Offenheit selbst dem König gegenüber. Man findet in ihr keine scholastische, schwerfällige Gelehrsamkeit mehr wie in den polemischen Schriften des 16. Jahrhunderts. Du Perron hatte gezeigt, daß man auch im Französischen kirchliche Angelegenheiten mit elegantem Stil und in spannender Darstellung behandeln kann; ihn hatte R. als Muster genommen und erreicht außer im kühnen Gedankenflug und in der Wärme der Darstellung; Begeisterung und Phantasie fehlten bei R., und dieser Mangel macht sich immer wieder geltend. Wahrscheinlich hat er diese Rede erst in Gedanken völlig ausgearbeitet und dann aufgezeichnet; man kann das daraus schließen, daß die Sätze zuweilen sehr lang gebaut sind und die Übergänge, wenn auch logisch richtig, stilistisch manchmal etwas schroff eintreten.

Avenel, der Herausgeber der Briefe von R., sagt von dieser Rede: Le style en était bien supérieur à celui des écrivains politiques de la même époque. Nach dieser »Harangue« gelangte R. zu einer hohen politischen Stellung und dadurch bekam er eine solche Arbeitslast, daß er keine Zeit zu irgend welcher schriftstellerischen Thätigkeit fand. Erst 1617 seit seinem unfreiwilligen Aufenthalt in seiner Diözese fing er an, eigentlich litterarisch zu arbeiten. Zunächst schrieb er eine polemische Schrift, wozu die Anregung durch folgenden Vorfall kam. In einer Predigt vor dem König waren die Hugenotten heftig angegriffen worden. Infolgedessen reichten 4 kalvinistische Geistliche aus Charenton beim König eine Schrift ein, in der sie ihre Religion verteidigten, die katholische angriffen und gegen den König eine nicht gerade ehrerbietige Sprache führten, so daß dieser den Hugenotten verbot, ihm ohne seine Erlaubnis Schriften vorzulegen. Als längere Zeit von den Katholiken niemand eine Gegenschrift erscheinen ließ, gab R. nach sechswöchentlicher Arbeit eine heraus. Die erste Ausgabe, von welcher kein Exemplar mehr zu finden ist, erschien 1617 in Poitiers. Im folgenden Jahre erschien in Paris eine 2. Ausgabe unter dem Titel: Les principaux points de la foy de l'Eglise catholique deffendus contre l'escrit adressé au roy par les quatre ministres de Charenton. Jouxte la copie imprimée à Poictiers par Anthoine Mesnier. Paris, Denys Morceau, 1618. In diesem Werkchen, welches Ludwig XIII. gewidmet ist, verteidigt R., was er am meisten erstrebte, Absolutismus des Königtums und Alleinherrschaft der katholischen Kirche; ferner greift er darin die Hugenotten religiös heftig an und auch politisch, indem er sie als Feinde der königlichen Autorität hinstellt. Erfolg beim König hatte er mit dieser Schrift nicht; sie fand überhaupt nicht viel Beachtung.

Viel bedeutender und bekannter wurde seine nächste Arbeit: Instruction du Chrestien. Er hat sie 1618 beendet und 1619 die königliche Druckerlaubnis dazu bekommen; in diesem Jahre wurde sie auch gedruckt, wie aus zwei Briefen R.'s desselben Jahres hervorgeht: in dem einen bittet er, daß sein Werk recht streng beurteilt wird, im andern bedankt er sich für die Übersendung einer Schrift, die gegen die Instruktion gerichtet ist.

Der »Instruktion« sind 2 Ansprachen vorangedruckt, in deren einer der Verfasser die Laien seines Bistums ermahnt, die ihnen dargebotene geistliche Nahrung begierig aufzunehmen, und in deren zweiten er von seinen Pfarrern verlangt, daß sie an Sonn- und Festtagen eine der Lektionen vorlesen, in welche die Instruktion eingeteilt ist. In einer gedruckten Randbemerkung zu der Ansprache an die Laien sagt er, daß die Instruktion nicht für Gelehrte bestimmt ist, und daß er aus Rücksicht auf das gewöhnliche Volk sich aller wissenschaftlichen Erörterungen enthalten und auf den Wunsch, den Gelehrten zu gefallen, verzichten will. Gleichwohl hat er nicht unterlassen können, für die besser unterrichteten Leute Randbemerkungen zum Text mitdrucken zu lassen, in welchen er seine Belesenheit in den Werken der ältesten christlichen Schriftsteller und der Bibel und seine Kenntnis der scholastischen Philosophie zeigt, und aus welchen hervorgeht, daß er seine Zeit auf dem Seminar mit fleißigem Arbeiten verbracht hat. Es sei hier beiläufig bemerkt, daß R. einen nicht unbedeutenden Ruf als Gelehrter genoß; man erkennt es daraus, daß ihm öfters theologische und juristische Werke vor dem Druck zur Beurteilung vorgelegt wurden. Die Instruktion besteht hauptsächlich aus Erklärungen und

Auslegungen des apostolischen Glaubensbekenntnisses und
der 10 Gebote, hinzugefügt sind als Anhang Predigten
für den Morgen und Abend, das apostol. Glaubensbekenntnis
und in sehr schlechten Versen die 10 Gebote. Die Auslegungen sind sehr ausführlich, zuweilen gekünstelt, aber
stets logisch scharf. Der ganze Inhalt ist klar gedacht,
völlig auf dem Boden der katholischen Kirche und frei
von Übertreibungen und jeglichem Fanatismus; die Schis-
matiker und Häretiker, von welchen besonders die Kalvinisten genannt sind, werden mit Mäßigung angegriffen.
Mit Unrecht tadelt Avenel, der Herausgeber von R.'s
Briefen, daß dieser in der Instruktion den Glauben an
Zauberei zeigt; da auch in den Kulturländern bis jetzt der
Glaube daran noch nicht erloschen ist, so kann man ihn
R., welcher vor etwa 250 Jahren lebte, nicht zum Vorwurf
machen, und in Frankreich sind nach R. noch genug
Hexenprozesse gewesen; R. hatte nun einmal gar nichts
Geniales und war ganz in den allgemeinen Vorstellungen
seiner Zeit befangen. Die Instruktion war im 17. Jahrhundert sehr und weit verbreitet; über 30 Auflagen erschienen davon und, wie der Verleger der Perfection
du Chrestien (auch eine theologische Schrift von R.) in
der Vorrede derselben sagt, Übersetzungen in fast allen
europäischen Sprachen. Daß sie in Frankreich sehr verbreitet war, ist nicht zu bezweifeln; einesteils trug der
Name des Verfassers besonders in späterer Zeit viel bei,
sie zu lesen, andernteils fehlte es an derartigen katholischen
Büchern fürs Volk. Überhaupt gab es noch wenig katholische Bücher über kirchliche Dinge in französischer Sprache.
Ein halbes Jahrhundert früher, als zum ersten Mal eine
polemische Schrift gegen die Kalvinisten in französischer
Sprache erschien, hielt der Verfasser, Claude de Saintes,
für nötig, sich zu entschuldigen, daß er nicht lateinisch

geschrieben hatte. Die katholisch-theologischen Schriftsteller bedienten sich in der 2. Hälfte des 16. Jahrhunderts fast nur noch der französischen Sprache, aber ihre Ausdrucksweise war darum nicht weniger schwerfällig als früher, und ihre Schriften waren immer noch nach altem Herkommen mit Gelehrsamkeit angefüllt. Der erste, der in der sprachlichen Ausdrucksweise von seinen Zeitgenossen abwich, ist du Perron (1556—1618), welcher als Sohn eines kalvinistischen Geistlichen unter Kalvinisten aufwuchs und später Katholik wurde. Er führte eine elegante und sachgemäße Sprache bei den litterarisch und oratorisch ausgefochtenen Streitigkeiten der Kalvinisten und Katholiken ein. Er glänzte als Redner besonders zu der Zeit, als R. das theologische Seminar besuchte; R. hörte ihn reden und studirte seine Werke. Wie schon früher gesagt ist, diente der talentvolle, schrift- und redegewandte du Perron R. als Vorbild. Freilich ist die Darstellung der Instruktion etwas eintönig, aber sie ist ganz sachlich gehalten, mit Ruhe und Überlegung verfaßt und frei von religiösem Haß. Heute liest niemand mehr die Instruktion zur Erbauung; sie ist als religiöse Schrift vergessen und hat nur noch als Sprachdenkmal Wert. Avenel sagt von der Instruktion: »Le style est supérieur sans doute à celui de la plupart des controversistes contemporains, peut-être comparé, avec des qualités diverses, à celui de Du Perron et de Coeffeteau, deux des prosateurs les plus estimés du commencement du XVIIe siècle, mais il n'a ni l'élégante correction, ni l'éclat de Balzac, dont R. lui-même, ainsi que plusieurs écrivains célèbres alors, présageait déjà la future renommée.« Wenn auch die Instruktion stilistisch nicht mit den Schriften Balzac's verglichen werden kann, so bleibt sie für die damalige Zeit immer noch eine anerkennenswerte sprachliche Leistung.

R. vergaß neben seinen theologischen Studien und bischöflichen Arbeiten während seines unfreiwilligen Aufenthaltes in der Diözese Luçon nicht seine ehrgeizigen Pläne; er erstrebte eifrig eine Aussöhnung Ludwigs XIII. mit dessen Mutter, wobei er der Königinmutter zu ihrem früheren Einfluß zu verhelfen suchte, denn er wußte wohl, daß deren Macht ihm von Vorteil sein würde. Außer daß er ihr oft schrieb, um sie zu beeinflussen, hielt er 1620 vor ihr und ihrem Hofstaat im Schloß von Angers eine lange Rede, in welcher er ihr zur Versöhnung mit ihrem Sohn riet und Luynes, seinen heimlichen Feind und Günstling des Königs, heftig angriff. Diese Rede erschien noch in demselben Jahre in Kleinoktav gedruckt in Paris unter dem Titel: Harangue à la Royne, mère du Roy, contre les plaintes de Messieurs les princes, faicte à Sa Maj. sur les affaires de ce temps. Prononcée en présence de toute sa cour, par Messire A. J. D. P. D. R. évesque de Luçon, au chasteau d'Angers, le 3 juillet 1620. Paris, chez Isaac Mesnier 1620, avec permission. Die Exemplare dieser Rede sind sehr selten; eins befindet sich in der Bibliothèque nationale in Paris.

Erst 12 Jahre später erschien wieder eine Arbeit von R. gedruckt. Es ist ein langer Brief an den Bischof du Bellay, worin er ihm riet, eine Abhandlung über das Buch vom heiligen Augustin (sur le livre de St. Augustin), wovon R. das Manuskript zur Beurteilung vorgelegen hatte, nicht drucken zu lassen. Dieser Brief und eine Entgegnung von du Bellay wurden 1632 gedruckt unter dem Titel: Lettre de Monseigneur l'Eminentissime Cardinal duc de Richelieu à M. l'évesque du Bellay, sur le sujet des religieux, avec la response dudit évesque du Bellay, ensemble la lettre des religieux, etc. Paris 1632, und noch einmal 1633. Leider hat Avenel diesen Brief nicht mit drucken lassen, so daß sich keine näheren Angaben machen lassen. Wahrscheinlich handelte es sich in dem Briefe es auch um eine Reformation der französischen Augustinerklöster. Die genannten Werke sind die einzigen von R., die während seines Lebens gedruckt worden sind, aber sie sind nur ein kleiner Teil der Sprachdenkmäler, die er hinterlassen hat. Die meiste schriftliche Thätigkeit verwandte er auf seine Briefe, welche aus den Jahren 1608 bis zu seinem Tode größtenteils erhalten sind. In der 1. Hälfte des jetzigen Jahrhunderts veröffentlichte sie Avenel, um der Geschichtsschreibung neues Material zuzuführen; ohne es zu beabsichtigen, hat er damit auch der Litteraturgeschichtsschreibung einen Dienst erwiesen. Durch nahezu 10-jährige Arbeit gelang es ihm, aus Archiven und Bibliotheken beinahe alle Handschriften von R. und dessen Schreibern und viele Abschriften von Briefen R.'s zu ziehen. Bei der Auswahl ist Avenel mit solcher Sachkenntnis vorgegangen, daß keiner in die Sammlung aufgenommen worden ist, der nicht von R. selbst oder unmittelbar nach seinem Diktat geschrieben ist; rein amtliche Briefe (lettres de bureau), die auf Befehl und nach Anweisung R.'s geschrieben sind, sind nicht mit aufgenommen. Auf Avenel's durchaus kritische Ausgabe kann man sich unbedingt verlassen, was Echtheit und getreue Wiedergabe betrifft. Seine Sammlung ist so reichhaltig, daß man die noch fehlenden, wahrscheinlich in Privatarchiven und Privatbibliotheken vergrabenen Briefe nicht vermißt. Für die Litteraturgeschichte ist es übrigens nicht von Bedeutung, daß man sie alle kennt, die etwa 5000 herausgegebenen sind übergenug, um ihre sprachliche Bedeutung zu erkennen, und gerade diese fühlte man schon zu R.'s Lebzeiten, denn eine von Le Masle, Prior von Les

Roches in Paris, angelegte Briefsammlung unter dem Titel
»Diverses lettres de style missive« enthält eine Menge von
R. Auch sonst sammelte und schrieb man sie im 17. Jahrhundert ab, so daß manche in mehreren Handschriften erhalten sind, und teilweise wurden sie im 17. Jahrh. wiederholt gedruckt, freilich ohne jede kritische Untersuchung.
Die Briefe von R. zeichnen sich aus durch Kürze und
Genauigkeit der Ausdrücke und Übersichtlichkeit des Satzbaues. Sie enthalten kein unnützes, kein überflüssiges
Wort und sind ohne Ausnahme in ernstem Ton geschrieben.
Es ist keiner darunter, der der Unterhaltung dienen oder
nur die Neugier des Empfängers befriedigen sollte; ihr
Schreiber verband nicht das Angenehme mit dem Nützlichen, sondern verfolgte nur das letztere, selbst in den
Briefen an seine Verwandten und Freunde. In Bezug auf
den Zweck und Inhalt kann man sie mit den Briefen Balzac's oder der Sévigné nicht vergleichen, wohl aber in
Bezug auf die Gewandtheit der Ausdrücke, den korrekten
Satzbau und den dem Inhalt und Zweck angemessenen
Stil; sie haben also kein im engeren Sinn litterarisches
Interesse. Hinsichtlich des Satzbaues sind sie nicht alle
gleich; manche haben einen verwickelten und nicht leicht
zu übersehenden; es sind meist diejenigen, welche R. im
Entwurf eigenhändig geschrieben hat; die von ihm diktirten haben einfacheren Satzbau, was sich leicht erklärt.
Ein von ihm diktirter Brief wurde erst sorgfältig durchgelesen und nötigenfalls von ihm verbessert — es sind
viele Briefe mit vielfachen Verbesserungen von R.'s Hand
erhalten — und dann die Abschrift hiervon verschickt.
So erklärt sich die wohlgelungene Form der Briefe nicht
nur daraus, daß ihr Verfasser die Sprache meisterhaft
handhabte, sondern auch daraus, daß er sehr sorgfältig
bei ihrer Abfassung verfuhr. Unter ihnen befinden sich

…… auch jetzt noch lesenswerte. Es wird genügen,
…… anzugeben. Der eine ist der, welchen der Kardinal aus Coussay an Ludwig XIII. Ende Juni 1617 schrieb.
Er war mit Marie von Medici, der Mutter Ludwigs XIII., nach Blois gereist, wohin sie verbannt worden war. Seine Feinde trachteten danach, ihn von da zu entfernen, wagten aber nicht den König zu veranlassen, an ihn den Befehl zur Abreise zu schicken, sondern ließen das Gerücht entstehen, daß der König beabsichtigte, ihn zu verbannen. R. hörte und glaubte es, verließ sofort Blois trotz dringenden Bitten der Königinmutter dazubleiben und begab sich in seine Diözese nach Coussay. Von hier richtete er jenen Brief an Ludwig XIII. Trotz aller berechtigten Erbitterung schrieb er würdevoll und wie ein Mann, der in sich selbst den Trost für entrissene Ehrenstellen findet; äußerlich zeichnet sich dieser Brief durch knappen Stil und fließenden Satzbau aus.

Der andere Brief, den ich besonders nennen will, war für die Öffentlichkeit bestimmt, er führt die Überschrift: Déclaration du roi sur le sujet des nouveaux remüemens de son royaume. Die Veranlassung zur Abfassung ergab sich folgendermaßen: Mehrere französische Herzöge hatten sich gegen Ludwig XIII. empört und in Briefen an ihn seine Autorität und Gerechtigkeit herabzuwürdigen versucht und die persönliche Sicherheit am Hof in Zweifel gezogen. Daraufhin mußte R. jene Déclaration im Namen des Königs im Mercure français herausgeben. Er brauchte zu ihrer Abfassung, wie er kurz danach an den Marschall d'Ancre schrieb, 4 Tage. Ein Zeitgenosse von ihm, der Herzog von Rohan, nennt sie in seinen Memoiren »Pièce délicate et bien faite«. Sie ist wirklich vortrefflich gearbeitet und würde auch Pascal Ehre gemacht haben; ihre Disposition ist gut logisch, ihr Stil fließend und dabei ist sie in so energischem, lebhaftem Ton geschrieben, daß man eher glaubt eine Rede zu lesen als eine Arbeit, die nur für den Druck bestimmt war. R. faßte darin die Anklagen der Herzöge gegen den König in zwei Hauptpunkte zusammen, wies sie zurück und wendete sie mit vielen Beispielen gegen die Ankläger selbst. Es handelte sich hauptsächlich um Intriguen, sowie offene und geheime Gewaltthaten gegen den König, welche R. ans Licht zog und scharf verurteilte, während er die Nachsicht und Güte des Königs pries. Erwähnt seien noch die jener Déclaration in Stil und Satzbau ähnlichen Instructions de M. de Schomberg vom Ende 1616. Schomberg, von Geburt ein Deutscher, sollte Anfang 1617 nach Deutschland reisen, um die Fürsten dieses Landes von Bündnissen mit aufrührerischen Großen Frankreichs abzuhalten und um ihnen eine gute Meinung von der französischen Regierung, insbesondere von ihrer Zuverlässigkeit beizubringen. Der Inhalt dieser Instructions ist im wesentlichen eine Darstellung und Rechtfertigung der französischen Politik seit dem Tode Heinrichs IV. bis zur Zeit der Abfassung, also 1616. Der Satzbau ist, wenige Perioden ausgenommen, klar und nicht überhäuft. Im allgemeinen ist die Sprache dieses ziemlich umfangreichen Schriftstückes einfacher und der jetzigen näher stehend als die der Memoiren auch an Stellen von ähnlichem oder gleichem Inhalt. Da Schomberg einen Auftrag von politischer Bedeutung auszuführen hatte, hat ihm R. sicherlich ein sorgfältig gearbeitetes Schreiben zugehen lassen. Es zeigt sich auch hier wieder, daß alle sorgfältig verfaßten Arbeiten R.'s einfacheren und somit dem jetzigen näher stehenden Satzbau haben als diejenigen, welche er in Eile abfaßte oder auf welche hinsichtlich der Form weniger ankam. Ich werde darauf zurückkommen.

Auch während R. die Regierung von ganz Frankreich hatte und seine freie Zeit, besonders nachdem er den Gipfel seiner Macht erreicht hatte, sehr knapp war, arbeitete er noch schriftstellerisch. Der Erfolg, den er mit der Instruct. d. Chr. hatte, veranlaßte ihn, eine Fortsetzung unter dem Titel Traité de la Perfection du Chrestien zu schreiben. Er beschäftigte sich mit ihr, einer Notiz des Verlegers nach, seit der Belagerung von Corbie bis zu der von Hesdin, also seit dem Oktober von 1636 bis zum Mai 1639. Aus der etwas unklaren Bemerkung des Verlegers: »Il seroit inutile de s'estendre davantage sur l'excellence de ce livre, auquel il ne manque rien que la derniere main de son Autheur qui attendoit de le revoir quand il le mettroit en lumière« scheint hervorzugehen, daß R. das Manuskript vor der Veröffentlichung noch einmal durchsehen wollte, und daß der Tod ihn daran hinderte. Die Approbation des Druckes ist von den theologischen Doktoren der Sorbonne ausgestellt und datiert aus dem Jahre 1646; wahrscheinlich in diesem Jahre erschien die 1. Auflage in Paris; die von mir benutzte ist die 3. und von 1651; es erschien auch eine lateinische Übersetzung davon unter dem Titel: Tractatus de perfectione christiani a Cardinale Richelio Gallice scriptus, Latine redditus A. P. F. Michaele Gorgeu, cum notis; Paris 1651.

R. geht bei dem Aufbau des wie gewöhnlich klar gedachten und gut disponirten Inhaltes von der Ansicht aus, daß die menschliche Seele wegen ihrer Würde für das ewige Leben erhalten werden muß. Die Erhaltung der Seele kann ihr Träger nur durch seine Vervollkommnung erreichen, die er durch eine dreifache Art zu leben erlangt. Diese sind: das reinigende (vie purgative), das aufgeklärte (vie illuminative) und das mit Gott geeinte Leben (vie unitive). Die Mittel zur Durchführung dieser

Lebensarten: Beichte, Abendmahl u. s. w. werden hinsichtlich ihrer Wirksamkeit ausführlich besprochen und jedem Christen dringend empfohlen. Als kirchliches Dogma ist die semipelagianische Ansicht zu Grunde gelegt, daß die Gnade Gottes und der menschliche Wille zusammen die Erlangung des kirchlichen Heils bewirken. Dadurch erscheint die Perfection du Chr. auch als polemische Schrift gegen die Hugenotten, welche die Augustinische Prädestinationslehre angenommen hatten; unmittelbare Angriffe gegen die Hugenotten, wie in der Instruction du Chr., kommen nicht darin vor. Die Sprache ist durchweg klar und einfach; die Perioden sind klein und die Ausdrücke genau und kurz; die Darstellung ist kühl, selbst bei der Beschreibung des »Lebens in Gott« (vie unitive), wo der Verfasser in warmer Herzlichkeit hätte schreiben können. Der gänzliche Mangel an Phantasie macht sich auch hier wieder geltend.

Das umfangreichste Werk R.'s sind seine Memoiren; sie wurden erst 1823 vollständig herausgegeben von Petitot in der Sammlung der Mémoires relatives à l'histoire de France unter dem Titel: Mémoirrs du Cardinal de Richelieu sur le règne de Louis XIII. depuis 1610 jusqu'à 1638. Im Jahre 1730 erschienen sie in Amsterdam von den Jahren 1610—1618, dem Umfang nach der 1. Band der Ausgabe von Petitot, unter dem Titel: Histoire de la mère et du fils par Mézeray. Obwohl in dieser Ausgabe Mézeray als Verfasser genannt ist, hat niemals ein ernstlicher Zweifel an der Verfasserschaft R.'s bestanden. Die Memoiren des Kardinal R. enthalten die Geschichte des französischen Hofes und der französischen Regierung und behandeln fast nur Kriege, Intriguen, Verschwörungen, Versammlungen, Absetzungen und Ernennungen. Infolgedessen würde die Lektüre der Memoiren größtenteils uninteressant sein, wenn nicht ihr Schreiber verstanden hätte, sehr anschaulich zu schildern und alle Ereignisse klar und deutlich zu begründen; dieses Werk hat darum auch einigen Wert für die Litteraturgeschichte. Zuweilen schildert R. mit tiefer Auffassung und großer Lebhaftigkeit; manche einer Charakterzeichnungen und Biographien sind vorzüglich, z. B. die vom Marschall d'Ancre und dessen Frau. Er zeigt hierbei eine scharfe Beobachtungsgabe; er scheidet genau Schicksal und Schuld und gründet alle Lebensereignisse so klar auf persönliche Eigenschaften, zufällige und wesentliche Umstände und hebt so treffend die hervor, die durch den Zeitgeist bedingt sind, daß man erstaunt und sich wundert, so etwas bei R. und in der 1. Hälfte des 17. Jahrhunderts zu finden. Von sich berichtet er wenig; seine häuslichen Verhältnisse und Thätigkeiten erwähnt er nicht mit einem Wort. Sich selbst schildert er als einen Menschen, der unbeirrt das Rechte gewollt und gethan hat ohne Rücksicht auf irgend welchen persönlichen Vorteil und der lieber in einer untergeordneten Stellung geblieben wäre, als daß er jemals seine Überzeugung verleugnet hätte. Überall macht die Darstellung den Eindruck von Wahrhaftigkeit; auch die Handlungen Ludwigs XIII. verschonte er nicht mit einem unparteiischen Urteil; so schrieb er z. B. im 1. Band der Memoiren, Ausgabe von Petitot, S. 427, Jahr 1617, von der Ermordung des Marschall d'Ancre durch Vitry: Et partant ce fut un conseil précipité, injuste et de mauvais exemple, indigne de la majesté royale et de la vertu du Roi, qui n'eut point aussi de part en cette action. Einige Seiten später: Sa Majesté fit expédier des lettres au parlement, par lesquelles elle déclara que l'action que le Sieur de Vitry avoit faite (die Ermordung von d'Ancre) étoit par son commandement. Dieses Beispiel sagt genug;

übrigens kann man auch aus der Harangue von 1615 sehen, wie offen, fast rücksichtslos R. dem König gegenüber sich ausdrückte.

Die Sprache der Memoiren ist im allgemeinen klar und korrekt; Avenel urteilt etwas hart, indem er den Stil derselben »souvent négligé et redondant« nennt. Die Satzgefüge sind oft lang, zuweilen verwickelt, wohingegen sie in den anderen Schriften, besonders in den Briefen einfacher sind. Nach allem kann man sagen, daß die Memoiren auch jetzt noch lesenswert sind. Litterarischen Einfluß konnten sie nicht ausüben, da, wie schon gesagt ist, erst 1730 ein kleiner Teil von ihnen veröffentlicht wurde.

Als Anhang und Entwurf zu einer Fortsetzung der Memoiren kann man das »Journal« Richelieu's ansehen. Es wurde 1649 in Paris und 1665 in Amsterdam herausgegeben unter dem Titel: Journal de Monsieur le Cardinal Duc de Richelieu. Qu'il a fait durant le grand Orage de la Cour. Tiré des Mémoires écrits de sa main. Die letzte Bemerkung soll jedenfalls nur bedeuten, daß das Journal und die Memoiren in einem Manuskriptenband gewesen sind; denn das Journal bildet keine zusammenhängende Darstellung, sondern enthält Briefe an R., unzusammenhängende Berichte über Prozesse und Hinrichtungen seiner Gegner u. s. w. aus den Jahren 1630—1642. R. hatte die Memoiren zunächst als Entwurf gearbeitet, und aus diesem ist wahrscheinlich das genommen, was unter dem Titel Journal etc. veröffentlicht worden ist. Das Journal hat nur geschichtlichen Wert und bietet hinsichtlich der Sprache mit Rücksicht auf die anderen Werke nichts Bemerkenswertes.

Nur der Vollständigkeit halber nenne ich eine Darstellung der italienischen Kriege Ludwigs XIII. von R., welche größtenteils in die Memoiren verarbeitet wurde und nicht im 5. und 6. Band steht. Das Manuskript der ursprünglichen Fassung wurde nach R.'s Tod mehrfach mit anderen Sachen veröffentlicht, z. B. in der Mémoire de Louis XIII. von P. Griffet, in der Sammlung der Werke von Hay du Chastelet, einem Mitglied der Académie française, welches den Kardinal R. eifrig lobte und verteidigte, in den Divers mémoires concernant les dernières guerres d'Italie, erschienen bei Cramoisy in Paris, und noch mehrmals.

Zum Schluß sei noch erwähnt das sehr wahrscheinlich nicht lat von R. verfaßte Testament politique du Cardinal Duc de Richelieu, welches mehrmals gedruckt wurde, zuerst 1688 in Haag; die 6. Auflage erschien 1709 in Amsterdam chez les Janssons à Waesberge, auch 1764 in Paris. Die Einleitung desselben (Narration succinte des faits etc.) enthält die Geschichte der Regierung Ludwigs XIII. bis 1638. Es ist sehr wahrscheinlich, daß das Manuskript zu dieser Narration succinte von R. verfaßt ist und nach seinem Tode entwendet wurde; zu welchem Zweck es von R. verfaßt ist, läßt sich nicht feststellen. Es finden sich in ihm einige Worte angeblich von R.'s Hand, die nur 1641 geschrieben sein können, wobei unerklärlich bleibt, warum die 1638 erfolgte Geburt Ludwigs XIV. nicht erwähnt ist. Voltaire schloß außer aus anderen Gründen auch sicher aus der Zeit, in der jene Worte geschrieben sind, daß das Test. polit., d. h. der auf die Narration succinte folgende Teil, nicht von R. geschrieben sein kann, weil der Verfasser desselben dem zeitlichen Standpunkt nach es 1638 und 1640 geschrieben haben muß. Dieser Schluß ist nicht richtig, denn R. konnte 1638 das Test. polit. fertig liegen haben und später einige der Zeit auf passende Änderungen daran machen und durch seinen Tod gehindert sein, das Ganze einheitlich zu gestalten.

Übrigens stehen jene Worte in der Handschrift R.'s in keinem Zusammenhang mit dem Text und sind nicht nachweisbar von R. Es ist nur darum wahrscheinlich, daß R. die Narr. succ. verfaßte, weil die Sprache derselben seiner ganz gleich ist, vielleicht sind auch die Sätze aus nicht veröffentlichten Entwürfen R.'s genommen. Liegt auch für die Einleitung des Test. polit. eine Fälschung vor, so muß man sie als sehr geschickt bezeichnen. Mit mehr Sicherheit als die Ächtheit der Einleitung kann man die Unächtheit des polit. Testamentes behaupten, weil es in äußerst schlechtem Stil, sehr ungenauer Ausdrucksweise, überhaupt in einer der R.'schen ganz unähnlichen Sprache geschrieben ist. Aubery (Histoire du Cardinal de R.), der Biograph R.'s, welcher nach authentischem Material aus den Händen der Verwandten R.'s schrieb, bestritt die Ächtheit des Test. polit., Avenel (Documents inédits etc. Lettres, papiers d'Etat etc. de R.) läßt in einer kurzen Notiz die Ächtheit unentschieden, Foncemagne, ein Zeitgenosse Voltaire's, verteidigte sie und Voltaire bestritt sie eifrig. Man vergleiche hierzu Voltaire, Mélanges historiques, Tome II, Des mensonges imprimés. Die Fälschung des polit. Test. kann nicht weiter auffallen, weil in der 2. Hälfte des 17. und in der 1. des 18. Jahrhunderts eine Menge politischer Testamente fälschlicherweise hervorragenden Männern untergeschoben worden sind. Näher auf die Gründe für und wider die Ächtheit des hier in Rede stehenden polit. Test. einzugehen, ist jetzt nicht möglich, weil die Aufzeichnung dieser Gründe mehr Raum beanspruchen würde als diese Dissertation.

Das polit. Test., das dem Kardinal R. zugeschrieben worden ist, entspricht nicht im entferntesten den Erwartungen, die man sich unwillkürlich macht, wenn man den Namen des angeblichen Verfassers liest. Es zeigen sich in jenem Werk keine schlaue Staatskunst, keine hochfliegenden Pläne, keine großen leitenden Ideen, keine nationalen Aufgaben. Der Verfasser untersucht und kritisirt die Rechte und Pflichten der 3 Stände und der Regierung und knüpft daran Ratschläge für den König, die für das Frankreich der damaligen Zeit berechnet sind, und welche nicht viel wert sind. Nirgends findet sich ein Plan von einer neuen Einrichtung; im großen und ganzen soll alles beim alten bleiben: die Geistlichkeit behält ihre Vorrechte und bleibt ultramontan, d. h. sie soll nicht unter der königlichen Autorität stehen, der Adel behält auch seine Vorrechte und wird als etwas Besseres als der 3. Stand hingestellt, und für den 3. Stand bleibt als einziges Recht und einzige Pflicht der Gehorsam gegen die Regierung; der Verfasser vertritt durchweg den Adel und noch mehr die Geistlichkeit. Die Käuflichkeit der amtlichen Stellen wird befürwortet, die Hebung der Kultur nicht erwähnt! Das ganze Werk macht in hohem Grad den Eindruck von Engherzigkeit und Beschränktheit.

R. hat leider über sein eigenes Leben gar nichts geschrieben, es ist auch zu bedauern, daß es an Quellenwerken für sein Privatleben fehlt; besonders vermißt man genauere Nachrichten über seine Beschäftigungen mit Künsten und Wissenschaften.

## Richelieu's Werke.
### Grammatisch untersucht.

Die Syntax der französischen Sprache des 17. Jahrh. ist zwar von A. Haase (Franz. Syntax im XVII. J. von A. Haase, Oppeln und Leipzig 1888) ausführlich und gründlich behandelt worden, aber die Ergebnisse meiner Untersuchungen sollen trotzdem Platz finden, einesteils

weil sie jenem Werk zur Ergänzung und Bestätigung
dienen können, andernteils weil ich die von mir beobachteten grammatischen Erscheinungen schließlich von einem
anderen als in jenem Werk hervortretenden Gesichtspunkt
betrachten werde.

In Bezug auf die Einteilung schließe ich mich größtenteils an Haase an; Zitate ohne besondere Ortsangabe sind
aus dessen Syntax des XVII. J. Die hier vorkommenden
Abkürzungen zur näheren Bestimmung der Zitate sind:

M(émoires) du Cardinal Duc de Richelieu publ. par
Petitot.
L(ettres) etc. publiés par Avenel.
I(nstruction) du Chrestien.
P(erfection) du Chrestien.
H(arangue) de 1615.

Die genannte Syntax von Haase ist durch H. angegeben, J. bedeutet Jahrhundert, R. bedeutet Richelieu.

**Hinsichtlich der Syntax.**

A) Das Pronomen.

I. Das Personale.

Der Accusativ des Personalpronomens der 3. Person,
welcher in der älteren Sprache und auch im 17. J. zuweilen
noch weggelassen ist, z. B. Je le garde pour lui montrer,
fehlt bei R. sehr selten (H. § 4): Elle ne permettroit point
de son vivant que ledit cardinal Antoine exerçat cette
charge, et se vanta que Sa Sainteté lui avoit promis (M.
10. B., S. 71).

(H. § 6.) Im 17. J. und früher wurde häufig
ein substantivisches Subjekt vor seinem Prädikat durch
das entsprechende Personalpronomen wiederholt, wenn es
vom Prädikat durch einen vollständigen oder Partizipialsatz getrennt ist, z. B. Un noble s'il vit chez lui, il vit

blore. R. wiederholte in solchen Fällen niemals das Subjekt, und wenn es noch so weit von seinem Prädikat ist; er übersah auch seine längsten Sätze so leicht und hatte alles Geschriebene so deutlich in der Vorstellung, daß ihm die Wiederholung eines Subjektes ganz überflüssig erscheinen mußte. Eine derartige Wiederholung beruht auf dem Umwerfen und einer Unterbrechung des Satzbaues; R. baute aber stets seine Sätze korrekt, sowohl logisch als grammatisch.

Ebensowenig kommen vorwärts deutende Pronoms conjoints bei R. vor, in Sätzen wie: Je l'avais bien prévu que pour un tel ouvrage Cinna saurait choisir des hommes de courage. Bei R. ist niemals ein Satzteil unmotivirt eingeschoben oder weggelassen.

Die pronoms conjoints als Subjekte fehlten noch manchmal im 17. J., bei R. nicht mehr, ausgenommen vereinzelt das neutrale il.

Et n'ya personne (L. 1. B.). Et fut dit que (L. 1. B.).

(H. § 9.) Das pronominale en wurde noch im 17. J. manchmal abweichend vom heutigen Sprachgebrauch gesetzt und weggelassen; bei R. kommt es in kausaler Bedeutung abweichend vom jetzigen Gebrauch vor wie es im 17. J. sehr häufig angewendet wurde; in solchen Fällen erscheint en nicht überflüssig.

Il (le maréchal d'Ancre) sollicita pour le marquis d'Aneval, plusieurs années, la charge de premier écuyer de Monsieur, le dit marquis s'en tenoit assuré ... néanmoins il ne la put jamais obtenir ... Autant lui en pensa-t-il arriver pour la charge de premier maître de l'hôtel de la Reine régnante, laquelle il avoit poursuivie avec grande instance pour le sieur d'Hocquincourt; et lorsque l'on alla au voyage pour le mariage, il en envoya supplier la Reine par Barbin (M. 1. Bd., S. 398).

Im 17. J. wurde en häufig statt eines pronom absolu, beliebig welcher Person, mit de gesetzt; jetzt kann es nur noch ein pronom absolu der 3. Person vertreten und nicht in so ausgedehntem Maße wie früher. R. setzte en für ein pronom absolu nur dann, wenn kein Nachdruck darauf liegt. Doppelte Ausdrucksweisen des 17. J. wurden von R. fast jedesmal mit Unterschied gebraucht, was Haase bei Malherbes, Pascal, Descartes, Molière, Corneille u. s. w. nicht beobachtet hat. R. hat grammatisch viel sorgfältiger geschrieben als die anderen Schriftsteller des 17. J. Ils ne la (sa puissance) conçurent jamais assez grande pour les contraindre à en faire de lâches et contraires à leur devoir (M. 1. Bd., S. 401). Cette action de courage me rendit tellement son ennemi qu'il ne pensa plus que de s'en venger (M. 1. B., S. 402); vielleicht ist en im letzten Beispiel kausal. Dagegen: La Reine se trouva surprise et demanda quel mécontentement nous avions d'elle (M. 1. B., S. 404). La part que son mari (le maréchal d'Ancre) et elle ont eue aux biens de l'Estat ... la montre pompeuse que la fortune a fait d'eux (Mém. von 1617, 1. B., S. 452).

Statt en und y auf Sachen bezogen setzte R. nicht ein pronom absolu, wie es im 17. J. sonst oft vorkam (H. § 12).

## II. Das Possessivum.

(H. § 14—17.) Bei Anwendung und Nichtanwendung der Besitzfürwörter wich R. vom jetzigen Sprachgebrauch im allgemeinen nicht ab; bei anderen Autoren des 17. J. kommen hierbei Abweichungen vor.

Die Redensart aller à la rencontre de q. heißt bei R. aller à q. au rencontre: Il sut que l'armée du Roi lui alloit au rencontre (M. 10. B.).

## III. Das Demonstrativum.

(11. § 18.) Ce kommt bei R. in einigen Fällen statt celui seul,

Lu ce compris les garnisons de Pignerol (M.). Et sur ce je prie Dieu (L. 1. Bd.) Il monte au Ciel, et ce, non seulement par la force qu'il reçoit de la gloire (I.). Pour ce faire (I.). In den beiden letzten Fällen kann ce in der Volkssprache heute noch stehen.

Im 17. J. wurde ce vor être, wenn es zurückweist, oft ausgelassen (H. § 19), z. B. :

Ce qui le piqua davantage, fut que Darius prit le titre de roi; bei R. findet man hierfür keine Beispiele.

(11. § 20.) Oft steht bei R. ce statt il vor einem nominalen Prädikat mit einem nachfolgenden Infinitiv. Haase hat in solchen Fällen selten ce, häufig cela gefunden, besonders bei Schriftstellern aus der 2. Hälfte des 17. J.

Ce nous est un extresme regret de ... (L. 1. Bd.).
Ce m'est une joie indicible de voir ... (L.).

Andere dem 17. J. noch eigentümliche Anwendungen von ce kommen bei R. nicht vor. Haase behauptet in § 23: Icelui, icelle zeigt sich im 17. J. fast nur in absichtlich altertümlicher Rede von Advokaten und Ärzten. Vaugelas (1585—1650) nannte icelui, icelle sehr gebräuchlich, aber äußerst schlecht und barbarisch. Beide Behauptungen passen nicht auf die sehr häufige Anwendung von icelui bei R., welcher weder absichtlich altertümlich, noch nachlässig, noch volksmäßig schrieb, sondern moderner und korrekter als seine Zeitgenossen. R.'s Sprache kann als mustergiltig angesehen werden, nicht nur weil sie an sich korrekt ist, sondern auch weil ihr Schreiber seminaristisch gebildet war und nur mit der höchsten Gesellschaft verkehrte, wobei eine äußerst schlechte und barbarische Ausdrucksweise nicht erworben wird. Auch bei dieser Gelegenheit zeigt sich, daß er bei der Anwendung von mehreren Wörtern gleicher Bedeutung einen Unterschied machte, den man bei anderen Schriftstellern nicht findet oder den Haase nicht beobachtet hat.

C'est chose seure qu'on trouve en l'Eglise remission du peché. Cependant le profit que vous retirerez de celle-cy, sera d'estre incitez à avoir un soin particulier de vous conserver en la grace de Dieu (I.). Une suspension d'armes en Italie, en laquelle entrassent tous les princes d'icelle (M. 1. Bd., S. 221). Les Estats furent ouverts le 27 octobre de l'année précédente, et continuèrent jusqu' au 23 de février de celle-ci (M. 1. B., S. 221); im 2. und 4. Beispiel steht absichtlich das stärker hinweisende celle-ci statt icelle. Si elles (les lois) procèdent d'une autorité douteuse et partagée, et contiennent des choses en la proposition desquelles une partie de l'Eglise croie d'une sorte, et le chef et les autres partie d'icelle enseignent de l'autre, ceux en l'esprit desquels (M. 1. Bd., S. 229). Les chambres du clergé et de la noblesse ... délibéroient de faire leurs supplications au Roi sans l'adjonction de ladite chambre lorsque Savaron et cinq autres députés d'icelle (la chambre du tiers estat) vinrent trouver celle du clergé (M. von 1615, 1. B., S. 223); nie steht icelui vor einem Genitiv oder Relativ. Le roi fit premièrement une déclaration particulière contre M. de Nevers et tous ceux qui étoient joints à lui, les déclarant atteints et convaincus dudit crime, si dans quinze jours après la publication d'icelle, ledit duc (M. 1. B., S. 386). Si dans ledit temps, ils ne se présentoient aux bailliages au ressort desquels ils faisoient leur résidence, pour en faire protestation enregistrée aux greffes d'iceux (M. 1. B., S. 386). Mais tout

...la n'empêcha pas que Sa Maj. n'ordonnât que l'exercice de la religion catholique seroit rétabli en tous les lieux de son pays de Béarn, et ne donnât main levée aux ecclesiastiques d'icelui (M. I. B., S. 444). Weitere Beispiele von icelui findet man in der Instr. du Chrestien Leçon IX, XI, XII, XIV. Le fruict que vous retirerez de celle-ci (= la leçon qu'on lit) (I.).

Aus den vorstehenden Sätzen ersieht man, daß nur celui-ci auf etwas unmittelbar Nahes hinweist, und daß celui nie vor einem Genitiv oder Relativ steht.

Haase schreibt in § 23, Anm. 1: Oft begegnet im Briefstiel celle-ci, auf ein vorher nicht ausgesprochenes lettre bezogen, was Vaugelas und Th. Corneille ganz verwerfen und die Akademie nur dem familiären Stil gestattet, z. B. Je vous écrivis au long, mardi dernier, touchant votre ferme ...; par celle-ci vous trouverez bon que je fasse le solliciteur. Bei R. findet man statt celle-ci in der eben genannten Bedeutung cette-cy.

Monsieur le Marquis d'Effiat, Je commenceray cette-cy par vous faire entendre ... (L.).

Cela, celui-ci, celui-là kommen bei R. vor einem zugehörigen Relativ nicht vor, aber bei anderen Schriftstellern des 17. J. (H. § 24).

Celui und ceux ohne bestimmte Beziehung und die Weglassung dieses Determinativs vor einer zugehörigen näheren Bestimmung finden sich mehrfach in Werken des 17. J., bei R. nur ceux ohne bestimmte Beziehung und sehr selten (H. § 25—27).

Par exemple, pour ne sontir pas de Corbie, ceux de ceste ville disent que les trauvaux ... (L.).

IV. Der bestimmte Artikel.

(H. § 28.) Vor Konkreten steht bei R. der bestimmte

Artikel, wenn er jetzt auch stehen müßte; er ließ ihn vor enfer, ciel, terre u. s. w., wie aber Zeitgenossen thaten, nicht aus.

Häufig wurde im 17. J. der bestimmte Artikel vor Abstrakten weggelassen; es scheint mir, daß hierbei gewöhnlich nicht eine Vernachlässigung vorliegt, wie Haase annimmt, sondern eine von der heutigen abweichende Auffassung, insofern man Abstrakte häufiger als jetzt in partitivem Sinn gebrauchte, und beim partitiven Gebrauch eines Substantivs ließ man im 16. und Anfang des 17. J. meistens den bestimmten Artikel weg. Auslassungen des bestimmten Artikels, wo er jetzt stehen muß, kommen noch bei Descartes, Racine, Corneille u. s. w. vor, auch bei R.; zuweilen setzte er ihn, wo er ihn für seine Zeit weglassen konnte.

La foy est le premier fondement de salut nécessaire aux petits et aux grands (I.). Partant à la foy nécessaire à salut deux choses sont requises (I.). Un tel procédé donneroit hardiesse aux Espagnols de nous attaquer (M. 1. B., S. 72). Dagegen Cette assurance donna l'audace aux Anglais d'en tenter (M. 1. B.).

Im 17. J. wurde der Teilungsartikel, d. h. de mit dem bestimmten Artikel, oft ausgelassen, außer wenn er vor einem Akkusativobjekt steht; R. folgte in Bezug auf den Teilungsartikel dem Sprachgebrauch seiner Zeit.

Oft ist der bestimmte Artikel vor einem Abstraktum weggelassen, weil es mit einem Verb eine feste Redensart bildete, deren es im 15.—17. J. viel mehr als jetzt gab; auch bei R. finden sich solche Fälle (H. § 28 e).

Ayans receu commandement de s'espädre par tout le monde (I.). Le duc de Savoie en étant averti, et en ayant reçu plainte par notre ambassadeur (M. 10. B., S. 15). Ils firent entreprise de prendre Nice par esca-

tels au commencement de juin (M. 10. B., S. 19). Dont
le maréchal d'Estrées ayant fait plainte (M. 10. B., S. 71).
(II § 28c.) Im 17. J. wurde nach tous, toutes oft der
bestimmte Artikel ausgelassen, auch R. that das oft:
En tous autres Estats (L. 1. B.) Par dessus tous autres (L.).
Il a désiré et tenté par tous moyens que les roys de
la chrétienté lui voulussent communiquer leur dignité
(M. 10. B.)

R. setzte nach tous den Artikel, wenn das nachfolgende Substantiv näher bestimmt ist.
Par toutes les voies qui lui seroient possibles (M. 10. B.).

(II. § 28 d.) R. ließ nicht den bestimmten Artikel aus,
von attributivem même, vor welchem im 17. J. die Weglassung desselben gewöhnlich war.
Qu' elle en envoyât un autre au père Thomas pour le
même effet (M. 10. B., S. 39).

Für die im 17. J. vorkommende Weglassung des bestimmten Artikels vor einem nachgestellten Superlativ
findet sich bei R. kein Beispiel; er setzte den best. Art.
in jenem Fall:

Aux choses les plus importantes (L. 1. B.). Au lieu de
me persuader avoir bonne teste, il faut que je l'ay la
plus mauvaise (L. 1. B.).

Die Anwendung des Artikels vor Ländernamen ist bei
R. willkürlich; Haase behauptet in § 31, daß der Artikel
von Ländernamen im 17. J. nur noch selten vernachlässigt
wurde.

Le duc de Parme fit son accord avec Espagne (M. 10. B.,
S. 7); unmittelbar hintereinander: en l'Europe, en l'Amérique, en Afrique, en France (I.), und en l'Europe, en
France, Italie (I.).

Einige andere unbedeutende Abweichungen im Ge-

3*

brauch des bestimmten Artikels im 17. J. kommen bei R. nicht vor.

## V. Das Relativum.

Im 17. J. kam es oft vor, daß das Relativ qui mit einer Präposition auch auf Sachen bezogen wurde, lequel auch auf unmittelbar vorhergehende Substantive folgte und quoi sich auch auf Sachen beziehen konnte (H. § 32—34). Bei R. kommt nur der 2. von jenen 3 Fällen vor; es zeigt sich auch hier wieder, daß er sorgfältiger als seine Zeitgenossen schrieb. R. gebrauchte lequel nicht willkürlich statt qui; mit lequel leitete er Relativsätze ein, die eine im Gange der Handlungen neue und unabhängige Thatsache enthalten oder eine zufällige, unwesentliche Eigenschaft angeben, während qui, wenn és im Gegensatz zu lequel steht, einen Satz einleitet, der eine wesentliche Eigenschaft u. dergl. ausdrückt oder der durch ein vorausgehendes Wort angedeutet ist, wie celui, tout, chaque, autre u. s. w. Haase hat diesen Unterschied von lequel und qui nicht beobachtet.

... Il s'étoit conservé en neutralité avec Sa Majesté, laquelle ayant eu un soin particulier de le secourir et envoyer le sieur de Baume pour faire toutes les difficultés et retardemens que l'on apportoit à son secours ... eut cette satisfaction que ledit Scoti donna un certificat ... (M. 10. B., S. 9). On maintiendroit mieux les places que l'on avoit en Italie, y ayant peu de chose à faire que si on se chargeoit de beaucoup de dépenses, lesquelles peut-être on ne pourroit pas supporter (M. 10. B.).

Niemals steht bei R. lequel nach einem Demonstrativ oder nach einem Nomen mit einer Hindeutung auf ein Relativ.

De tous les desseins qui s'y pouvoient faire (M. 10. B.) und viele andere.

(H. § 35.) Die auf einen Satz bezogenen neutralen Relative qui und que setzte man im 17. J. oft ohne ce, K. nur in der heute noch so üblichen Wendung: qui plus est, sonst setzte er immer ce.

Statt des Relativs mit einer Präposition konnte im Mittelfranzösischen das Adverb que eintreten, z. B. Elle a vu les affaires aux formes les plus extravagantes qu'elles puissent être (H. § 36). Dieser sehr häufige und bis ans Ende des 17. J. reichende Gebrauch von que findet sich bei R. nicht. Die Regel dafür, welche Haase nicht gegeben hat, lautet: Wenn die Prädikate eines Haupt- und zugehörigen Relativsatzes ihr Komplement mit derselben Präposition bildeten, trat für das Relativ mit seiner Präposition das adverbiale Relativ que ohne Präposition ein, damit dieselbe Präposition nicht zweimal nahe bei einander gesetzt wurde, z. B. Je pourrai vous faire mes pensées en la simplicité, statt en laquelle, qu'elles naissent.

Die dem 17. J. eigenen Anwendungen von dont kommen bei R. nicht vor, außer daß dont bei ihm sehr selten statt de quoi steht (H. § 36 und 37).

Que le marquis Ville s'étoit conservé par du contrepoison; dont le peuple fut tellement ému ... (M. 10. B.).

Où kommt im 17. J. auf Personen bezogen vor, bei R. nicht; bei ihm kommt où nur statt lequel mit einer lokalen Präposition vor, was im 17. J. sehr häufig war.

Qui l'a élevé au plus haut où étranger puisse aspirer (M. von 1615, 1. B.). Tous les honneurs où je me vois élevé (L. 1. B.).

Bei anderen Autoren des 17. J. findet sich où noch mannigfach anders als jetzt angewendet (H. § 38).

Der Gebrauch der Relativa war infolge lateinischen

Einflusses vom 15.—17. J. ausgedehnter als jetzt, insofern man Sätze mit ihnen anknüpfen konnte. Haase handelt über die relativische Verknüpfung der Sätze in § 39, geht aber nicht näher darauf ein und unterscheidet die Fälle nicht genug. Die Anknüpfung, um die es sich hier handelt, besteht darin, daß ein Relativ sich an ein Nomen oder einen Satz anschließt und nicht in einem ihm gehörigen Satz steht, sondern grammatisch zu dem an und für sich schon vollständigen Nebensatz gehört, den es anknüpft; dieser Nebensatz kann ein Verbum finitum oder infinitum enthalten. Eine solche Anknüpfung ist nicht grammatisch falsch, bewirkt aber einen schlechten Satzbau, da das Komplement des angeknüpften Nebensatzes, das ist das anknüpfende Relativ, kein Verb hat und da auf diesen Nebensatz ein ihm übergeordneter folgt, der mit dem Relativ in keinem Zusammenhang steht, aber trotzdem durch es dem Vorderhauptsatz untergeordnet wird. Es erscheint also ein und derselbe Satz als Haupt- und Nebensatz, und das ist das Mangelhafte bei diesen relativischen Satzverknüpfungen. Wie man sich denken kann, kommen bei R. mit seiner klaren Ausdrucksweise solche Satzgefüge nicht vor, dagegen bei Pascal, Bossuet, Racine u. s. w. Zur Veranschaulichung mögen folgende Beispiele dienen: Cela étant ordinaire à ceux qu'on envoie pour reconnaître, qui ne pouvant decouvrir les choses au vrai, la peur leur fait croire ce qui n'est pas. Le plus haut lieu du monde est celui-là, où pour arriver plus aisément il faut être boiteux et aller le petit pas. Mon dessein était d'entretenir un ami, devant lequel si je fais des fautes, je suis assuré de l'impunité. Der Satz: Il proposoit de faire une déclaration, laquelle, establissant les deux costez de dignitez et d'offices porteroit que ... aus einem Brief von R. würde nicht hierher gehören, denn

(h. Relativ laquelle knüpft ein ihm eigenes Prädikat an, nämlich porteroit.

Etwas anderes als jene relativische Anknüpfung, obwohl von Haase damit zusammengestellt, ist die Anwendung eines Relativs mit einem Verbum finitum statt eines im 17. J. gestatteten Infinitivs; in solchen Fällen ist der Satzbau falsch, z. B. Ce qu'on pense qui doive être sa fin n'est qu'un de ses moyens pour y arriver. R. würde geschrieben haben: Ce qu'on pense devoir être sa fin ... (H. § 39 f.).

Haase schreibt im § 40: Beziehungsloses qui mit dem Verbum in der 3. Person Sing. bei eigenem Subjekt des Hauptsatzes = si l'on hat sich vom Altfranzösischen bis ins 17. J. erhalten, in dessen späterer Zeit es selten wird, kommt aber heute nur noch nach dem vergleichenden comme vor (comme qui dirait), z. B. Qui serait contraint d'y vivre, on trouverait moyen d'y vivre. Qui pourrait en détourner Lysandre, ce serait le plus sur. Solche Satzgefüge sind zwar verständlich, aber grammatisch falsch; allem Anschein nach sind sie aus der Volksin die Schriftsprache eingedrungen, also bei R. nicht zu finden.

## VI. Das Interrogativum.

(H. § 41—45.) Die Fragefürwörter, die R. in seinen wenigen Fragesätzen hat, weichen in ihrer Anwendung vom heutigen Sprachgebrauch nicht ab.

(H. § 45 f.) Pour statt quelque vor Adjektiven und Adverbien war im 17. J. häufig und kommt auch bei R. vor.

Mais pour peu qui s'en enrichissent, tout le commun des nobles en pâtit (L. 1. B., Nr. 9). La malice est telle que pour ignorant que soit un prétendant à quelque charge, il est savant à couvrir ses défauts (M. 10. B.).

## VII. Das Indefinitum.

(H. § 46—54.) In Bezug auf die unbestimmten Fürwörter gab es im 17. J. mannigfache Abweichungen vom heutigen Sprachgebrauch; bei R. lassen sich über diese Fürwörter keine nennenswerten Beobachtungen machen. Man findet bei ihm un chacun (H. § 47) und aucun = quelque, quelqu'un (H. § 50), was beides noch im 17. J. häufig war.

Aucuns estiment que ... (M. 1. B.). Bien que cet homme désirât donner à un chacun grande opinion de sa faveur (M. von 1617, 1. B.).

B) Das Zahlwort und der unbestimmte Artikel.

(H. § 56.) R. wendete zur Bezeichnung des Datums die Kardinalzahlen an, was in seiner Zeit noch etwas neu war; R. hat fast immer den neueren Sprachgebrauch. Zur Bezeichnung der Regenten benutzte er die Ordinalzahlen, welche in dieser Verwendung erst am Ende des 17. J. gänzlich durch die Kardinalzahlen verdrängt wurden; er schrieb für Karl V. von Deutschland: Charles Cinq°.

(H. § 57.) Der unbestimmte Artikel fehlte im 17. J. mehrfach, wo er jetzt stehen muß, öfter vor Abstrakten als vor Konkreten. In vielen Fällen ist der unbestimmte Artikel ausgelassen, weil das Substantiv mit einem Verb eine feste Redensart bildete oder weil es in partitivem Sinn gebraucht ist, in welch letzterem Fall der Artikel früher ausfiel. Selten fiel im 17. J. der unbestimmte Artikel vor einem Konkret aus, um die Gattung zu bezeichnen; bei R. findet sich ein Beispiel hierfür.

Qui l'a élevé au plus haut point où étranger puisse aspirer (M. 1. B., S. 69).

Vor si mit einem Adjektiv fiel der unbestimmte Artikel im 17. J. noch oft aus, bei R. nicht.
Etablir un si bon ordre en ladite maison que ... (M. 10. B.).

Öfters ließ er ihn vor Abstrakten aus, wenn sie ein Adjektiv und eine Präposition bei sich haben; andere Schriftsteller des 17. J. ließen ihn noch in anderen Fällen aus. Avec pareille charge (M.). Jusques à nouvelle démarche des ennemis (M. 10. B.).

### C) Das Verbum.

#### I. Die Arten des Verbums.

Im 17. J. wurden viele Verben mit anderer Rektion oder in anderer Bedeutung als jetzt gebraucht. Haase hat in § 59—61 diese Verben angegeben, bei R. lassen sich keine anderen und nur wenige der von Haase angegebenen finden.

ressembler qc.: Le duc de Savoie confessa que cette poursuite ressembloit plutôt une menace qu'une prière (M. 10. B.).

#### II. Person und Numerus.

(H. § 62—64.) Die Kongruenz der Person und des Numerus des Verbs mit dem Subjekt war im 17. J. noch nicht fest geregelt; bei R. lassen sich in Bezug auf jene Kongruenz keine Abweichungen vom heutigen Sprachgebrauch finden.

#### III. Die Tempora.

Die Anwendung der Tempora in Hauptsätzen ist bei R. wie auch bei anderen Schriftstellern des 17. J. ganz dem jetzigen Sprachgebrauch gemäß (H. § 65).

(H. § 66.) Die Anwendung der Tempora in hypothetischen Satzgefügen wich im 17. J. vereinzelt von der heutigen ab; es scheint, daß mehr eine Ungenauigkeit der Schreiber als ein Sprachgebrauch vorliegt. R. setzte fast immer in hypoth. Satzgefügen die Tempora, wie sie jetzt auch stehen können; sehr selten findet man bei ihm im Bedingungshauptsatz statt des Subj. du Plusqueparf. oder des Condit. passé das Imparfait. S'il n'eût désavoué son maître et dit qu'il étoit à don Maurice, on le tuoit (M. 10. B.). Man vergl. Haase § 66 d.

(H. § 67.) Hinsichtlich der Folge und Übereinstimmung der Zeiten (= Consecutio temporum) verfuhr R. ganz korrekt. Die im 17. J. vorkommenden Abweichungen bei jener Art Anwendung der Zeiten sind doch wohl nur Sprachfehler, nicht Sprachgebrauch.

(H. § 68.) Im 17. J. kam es noch oft vor, daß ein Infinitiv eine zusammengesetzte Form hatte, statt daß das ihn regierende Verb zusammengesetzt war, z. B. Vous deviez l'avoir compris. Bei R. habe ich keine Beispiele hierfür gefunden.

### IV. Die Umschreibungen.

Etre und aller mit dem Participe présent, im 16. J. sehr häufig, im 17. J. selten, kommen bei R. nicht vor (H. § 69 und § 70).

Im 17. J. kamen noch vor: faire als Ersatz eines vorhergehenden Verbs, rendre mit dem Participe passé eines Verbs statt einer finiten Form desselben; bei R. finden sich diese Umschreibungen nicht (H. § 71).

### V. Der Konjunktiv.

Der Gebrauch des Konjunktivs ist im 17. J. nicht wesentlich und fast nur in schwankenden Fällen verschieden von dem jetzigen, R. wendete ihn nach heutiger Art

III. Auch nach den Verben des Fürchtens und nach quoique, bienque, encoreque, wonach in der 1. Hälfte des 17. J. manchmal der Indikativ gesetzt wurde, steht bei ihm der Konjunktiv.

## VI. Der Infinitiv.

(H. § 85.) Eine jetzt ungewöhnliche Anwendung eines substantivirten Infinitivs, welcher im 17. J. häufiger war als jetzt, kommt bei R. nicht vor. Im 17. J. setzte man den Infinitiv mit pour, sans und anderen Präpositionen, ohne daß sein Subjekt zugleich das des regierenden Satzes ist. Diese Anwendung des Infinitivs beruht auf Nachlässigkeit und kommt darum bei R. nicht vor.

(H. § 86.) Als Subjekt kam der reine Infinitiv nach c'est mit einer prädikativen Ergänzung im 17. J. oft vor, z. B. bei Racine, Bossuet u. s. w. R. setzte nach c'est immer de, zuweilen nicht que vor einem Infinitiv als Subjekt.

Est-ce mespriser nos anciennes alliances en faveur de l'Espagne, que d'accorder aux Vénitiens le passage des Grisons (L. 1. B., Nr. 166). Est-ce maltraiter ceste république de non seulement luy rendre ce passage (L. 1. B., Nr. 166).

Aber nach être ohne ce kommt bei R. der Infinitiv als Subjekt ohne de vor.

Par exemple, autre chose est croire distinctement...
(I.). Estant certain que croire que Dieu peut tout...
(I.). Cependant j'estime à propos de vous dire estre important obliger de telle sorte les soldats (L. 1. B., Nr. 319).

Haase hat den letzteren Fall nicht unterschieden.

H. § 86.) Als Subjekt unpersönlicher Verben kam der reine Infinitiv außer nach plaire im 17. J. selten vor. R. setzte nach plaire öfter den Infinitiv ohne als mit de.

Qu'il a plu au roy me donner la charge de son premier ministre (L. I. B.). Qu'il pleust au roy de donner alors (L. I. B.).

(H. § 87.) Der Infinitiv als Objekt hatte im 17. J. wie auch jetzt de vor sich, vereinzelt stand nach prier, promettre, demander, tenter u. s. w. der Infinitiv ohne de. Bei R. hat supplier den Infinitiv mit und ohne de, prier mit de nach sich.

A quoy je vous prie de tenir la main (L. I. B.). Je vous prie d'avancer vostre voyage (L. I. B.). Je suplie Dieu de tout mon coeur de me rendre digne ... (L. I. B.).

(H. § 88.) Der bloße Infinitiv nach dem komparativen que und Konjunktionen, die mit que zusammengesetzt sind, war im 17. J. sehr häufig; bei R. findet man Beispiele für und wider.

Avant que clore cette année (M. I. B.). Avant que de partir (L.). Auparavant que de revenir à la cour (M. I. B.).

(H. § 89.) Der Akkusativ mit dem Infinitiv war im 17. J. nicht mehr häufig und kommt auch bei R. nur einige Male vor.

L'asseurance qu'il vous a donnée de n'assister ni d'hommes ni d'argent ceux qu'il sçaura m'estre contraires (L. I. B., Nr. 212). Il disoit les causes portées par la déclaration de Sa Majesté être fausses (M. 1. B., S. 367). On peut dire à leur occasion beaucoup d'entreprises estre impunies (L. I. B., Nr. 166). S'ils crurent quelquefois sa puissance être telle ... (M. I. B.).

Faire mit einem Infinitiv, der ein Akkusativobjekt hat, bekam im 17. J. noch manchmal sein Objekt im Akkusativ statt im Dativ, R. setzte in solchen Fällen immer den Dativ (H. § 90); er setzte auch den Dativ, wenn der Infinitiv nach faire eine präpositionale Ergänzung hat, in

welchem Fall auch heute noch der Dativ zulässig ist (H.
§ 90, Anm. 1).
l.'intérêt public lui fit passer par dessus les bornes de
son pouvoir (M. I. B.).

## VII. Das Partizip und Gerundium.

Das Gerundium kongruirte im 17. J. nicht mit seinem
Beziehungswort, oder anders ausgedrückt: das Participe
présent trat im 17. J. nicht statt des Gerundiums ein
| Haase dagegen behauptet im § 91, daß das Participe présent bei älteren Autoren des 17. J. häufig statt des Gerundiums steht], denn das angeblich für das Gerundium eingetretene Part. présent hat nie das feminine e; daß es
das Plural-s manchmal hat, ist eine graphische Eigenheit
der Sprache des 17. J. und beruht auf Unkenntnis oder
Nachlässigkeit des Schreibers. Bei R. ist das Gerundium
nur einmal in der Instr. mit s gedruckt, sonst nirgends.

(H. § 92—94.) Das Participe passé wurde von R.
nach jetziger Art verändert. Das ganze 17. J. hindurch
kamen bei der Veränderung des Participe passé Abweichungen vom heutigen Sprachgebrauch vor; doch
scheint mir, daß es in den meisten Fällen schwer ist, die
Abweichungen als auf Sprachgebrauch oder als auf Nachlässigkeit oder Unkenntnis des Schreibers beruhend zu
bestimmen.

(H. § 95.) Im 17. J. wurde das Gerundium häufiger
und freier angewendet als jetzt; manchmal ist das Subjekt
des Gerundiums undeutlich angegeben oder eine unbestimmte. Eine derartig freie Verwendung des Gerundiums
beruht mehr auf Nachlässigkeit des Schreibers als auf
Sprachgebrauch und kommt bei R., da er sich stets sorgfältig ausdrückt, nicht vor, trotzdem er es sehr häufig
setzte. Im 17. J. kam es auch unpersönlich vor; bei R.

nur von y avoir und être mit einem Adjektiv, wovon es auch jetzt noch gestattet ist.

### D) Das Adverbium.

(H. § 96.) Von den im 17. J. vorkommenden Adverbien der Zeit, die jetzt nicht mehr oder in anderer Bedeutung gebraucht werden, findet man bei R.: lors, quand et quand, oft incontinent, encore = schon.

Sans néanmoins estre encore entré en cognoissance (M. 10. B.). Il fut si malavisé de dire au père Caussin, qui étoit lors confesseur du Roi (M. 10. B.). Doch auch: jusques alors (M. 10. B.). Il fit incontinent de nouvelles demandes (M. 10. B.).

Die Adverbien der Aussage sind bei R. dieselben wie jetzt (H. § 97).

Von den im 17. J. vorkommenden Adverbien des Grades und der Quantität, die jetzt nicht mehr oder anders gebraucht werden, findet man bei R. très statt beaucoup oder bien, beaucoup für très; du tout in positivem Sinn, auch sonst so das ganze J. hindurch.

Très à propos (L. 1. B.). Ce commandement ne defend pas de leur rendre un honneur beaucoup inférieur (I.). La foy est du tout nécessaire à salut (I.).

Grandement steht bei R. namentlich in den Briefen statt beaucoup oder très in ernster Sprache, während es für beaucoup und très jetzt nur in vertraulicher gebräuchlich ist; Haase hat diese Beobachtung nicht gemacht.

Il est grandement important que vous puissiez ... (L. 1. B., Nr. 212). ... blasmant grandement celui qui ... (L. 1. B., Nr. 166). Il n'y a personne qui ne les cognoisse et qui ne s'estonne grandement ... (L. 1. B., Nr. 213). En cela il paroist grandement que leur conseil ... (L. 1. B., Nr. 213).

## Die Adverbien der Negation.

(II. § 99—104.) Die Adverbien der Negation wichen bis Ende des 17. J. in ihren Anwendungen vielfach von dem jetzigen ab; bei R. kommen jene Abweichungen nur teilweise vor, es sind folgende: ne — non plus statt ne pas plus, bis gegen Ende des 17. J. ganz gewöhnlich. Le soldat qui tue en une juste guerre par le commandement de son Capitaine, n'est non plus coulpable que l'espée (I.).

Il y a ist oft nur mit ne verneint statt mit ne — pas (H. § 100).

Il n'y aura sens en eux qui ne soit satisfait (I.).

In Nebensätzen, die mit que eingeleitet sind, ist das Prädikat oft nur mit ne verneint, was in der 1. Hälfte des 17. J. ganz gewöhnlich war.

L'assurant que cela n'empêcheroit que le secours ... (M. 10. B.). Il avoit peine de faire entrer son maître en créance certaine que le cardinal ne l'affectionnât et ne traitât avec lui avec confiance (M. 10. B.). Ebenso oft steht ne — pas: Mais ledit cardinal la prioit, en cas qu'elle ne le voulût pas faire, de trouver bon qu'il ne se mêlât de ses affaires (M.).

Pas oder point stehen bei R. nie als alleinige Negation, sondern haben immer ne bei sich; bei anderen Autoren des 17. J. stehen pas und point manchmal ohne ne (H. § 101), auch manchmal überflüssig bei rien, personne u. s. w., und in anderen Fällen, wo jetzt bloß ne gesetzt wird (H. § 102); bei R. stehen pas und point nie überflüssig.

Nach ne pas cacher setzte er ne, wenn jetzt das Verb keine Negation haben darf, und nach positiven Ausdrücken des Fürchtens setzte er nicht immer ne vor ein positives Verb.

Il ne put cacher dans son visage et par ses paroles qu'il n'en fût extrêmement touché (M. I. B., S. 403). On craint que la trève de Flandre se rompe et que le feu se mette en toute la chrétienté (M. I. B., S. 71). On appréhenda que le pouvoir de la maison de Lorraine fust trop grand (L.). Dagegen: Je ne puis que je n'appréhende qu'il ne m'en manque quelqu'une dont le deffaut rende mes services beaucoup moindres (L.), worin Je ne puis que je n'appréhende als positiver Ausdruck aufgefaßt ist.

F) Die Präpositionen.

I. Die Präposition de.

Die Präposition de wurde im 17. J. vielfach anders angewendet als jetzt (H. § 105—119); von den Abweichungen im Gebrauch von de bei R. sind nur 2 nennenswert: er setzte das unabhängige partitive de zuweilen nicht, was in der 1. Hälfte des 17. J. gewöhnlich so war und vereinzelt noch in der 2. Hälfte vorkam (H. § 116 u. 117), und er setzte de vor die Monatsnamen bei Angabe eines Datums. Überflüssiges partitives de habe ich nur in: il a de besoin gefunden. Eine Regel für die Auslassung des partitiven de mit oder ohne bestimmten Artikel läßt sich für R. nicht finden. Im übrigen entspricht bei ihm der Gebrauch dieser Präposition dem heutigen.

II. Die Präposition à.

(H. § 120—125.) Die Präposition à wurde im 17. J. in mehreren Fällen gebraucht und nicht gebraucht, in denen jetzt das Gegenteil stattfinden würde. R. wendete à im großen und ganzen nach heutiger Art an; nur wenige Fälle sind bemerkenswert, in denen er dem Sprachgebrauch seiner Zeit folgend vom heutigen abwich. Man findet bei ihm à vor einem in prädikativem Sinn gebrauchten Substantiv (H. § 123). Les autres l'interprétoient à dissimulation (M. I. B., S. 440). Il étoit naturellement libéral, d'agréable conversation, recevant à manque d'affection en ses particuliers si le respect bornoit la familiarité (M. I. B., S. 456). Bei R. kommt in den älteren Schriften, besonders in den ersten Bänden der Memoiren oft à ce que vor, welches von Vaugelas (1585—1650), Th. Corneille u. s. w. veraltet genannt wurde; Haase hat à ce que nicht besonders beobachtet. Bei R. ist à ce que nicht gleich afin que, solange er beide Konjunktionen gebrauchte, denn später verwendete er bloß noch afin que; à ce que ist rein final und bezeichnet einen nahe liegenden, unmittelbaren Zweck, afin que ist konsekutiv-final und bezeichnet einen entfernten Zweck.

Ils sont obligés d'en avertir Sa Majesté à ce que, par sa prudence et l'observation rigoureuse de ses édits, elle y porte remède, afin que Dieu ne retire pas d'elle ses bénédictions (M. I. B., S. 233). Quelque instance que pussent faire le clergé et la noblesse vers Sa Majesté à ce qu'il lui plût évoquer à sa personne la connoissance de ce différend (M. I. B., S. 233). Cela n'empesche pas qu'on n'employe quelqu'un envers luy à ce qu'il impetre de son maistre les graces qu'on désire (I.). Nous avons jugé à propos vous donner advis de ce que dessus, à ce que vous contribuiez de vostre part ... (L. I. B.). Nous ressusciterons à ce que nos corps soient participans de la recompense (I.). A quoy je vous prie de tenir la main, afin que tout soit à Grénoble au 20 du mois (L. I. B.). Il étoit aussi et du bien général de la chrétienté et de leur avantage particulier de ne se rendre pas difficiles en l'accomodement avec Sa Sainteté, afin qu'il se pût faire entre eux une ligue pour procurer la paix générale (M. 1. B.).

III. Die übrigen Präpositionen.

Hinsichtlich der anderen Präpositionen lassen sich bei R. ebenfalls wenig Beobachtungen machen, die einen vom heutigen wesentlich abweichenden Gebrauch ergeben. Bei anderen Schriftstellern des 17. J. findet man mehr Abweichungen vom heutigen Gebrauch auch dieser Präpositionen.

R. gebrauchte sehr oft en statt à und dans besonders vor einem weiblichen Substantiv im Plural; statt en les schrieb er in den älteren Arbeiten fast jedesmal ès, in den letzten Bänden der Memoiren steht immer en les.

Vor Städtenamen wurde im 17. J. noch manchmal en statt à gesetzt, besonders vor biblische, auch R. that es.

En Jérusalem (I.).

Sur statt sous in sur pretexte, doch auch sous le pretexte (M. 10. B.).

Avec wurde von R. einigemale anders, als jetzt üblich ist, angewendet (H. § 134, 3).

La façon particulière avec laquelle la première personne a engendré la seconde (I.). La façon avec laquelle (L. 1. B.). Demander une chose avec des conditions impossibles, c'est la demander pour ne l'avoir pas (L. 1. B., Nr. 213).

Von den im 17. J. gebrauchten und jetzt veralteten Präpositionen kommen bei R. vor: auparavant (auch als Adverb), fors, devant (que) de zuweilen statt avant (que) de, dehors.

Auparavant l'arrivée (M. 1. B., S. 64). Fors Ms. de Gilbery (L.). Il les alloit rencontrer dehors la ville (M. 10. B.). Cinq ou six jours auparavant le couronnement de la Reine (M. 1. B.). Devant que de monter aux Cieux (l.), doch auch Avant que clore cette année (M. 1. B.).

### F) Die Konjunktionen.

#### I. Die subordinirenden Konjunktionen.

Nach komparativem que leitete R. den folgenden Subjekts- oder Objektssatz mit ce que ein, was in der 1. Hälfte des 17. J. noch üblich war, häufiger ließ man das zweite que aus, z. B. Qu'y a-t-il de plus clair que cela n'a pas été fait de concert? Rien ne l'ayant perdu que ce qu'il pensoit devoir affermir son autorité (M. 1. B., S. 400).

Vor konsekutivem que war im 17. J. ein Korrelativ nicht nötig, auch R. ließ es manchmal weg. Sa Majesté prit un soin très-grand de munir de sa part la ville de Casal, et la mettre en état que les ennemis perdissent l'espérance de s'en rendre maîtres (M. 10. B.).

Im 17. J. kam bei älteren Schriftstellern vor, daß, wenn ein Objektsatz von seinem regirenden Verb getrennt ist, sowohl vor dem Objektsatz als auch vor dem trennenden Zwischensatz que gesetzt wurde, z. B. Je lui dis que quand il vous voudrait écrire, qu'il m'envoyât ses lettres. Derartig überflüssig gesetzte Satzteile kommen bei R. nicht vor, was wiederholt nachgewiesen ist.

(H. § 139.) Nach aussi, autant, tant, autre wurde das ganze 17. J. hindurch oft comme statt que gesetzt. Bei R. findet man in solchen Fällen que. Le chemin étoit aussi ouvert qu'en l'année dernière (M. 10. B.).

Von den im 17. J. gebräuchlichen und jetzt veralteten Konjunktionen kommen bei R. folgende vor: auparavant, que, joint que, cependant que, d'autant que in ernster Rede, dès aussitôt que, devant que, doch avant que, pourceque (H. § 137—139), à ce que siehe S. 49. Mais auparavant qu'elles pussent ni dussent être sur pied, le duc de Parme fit son accord avec Espagne (M. 10. B., S. 7). Cependant que le dit père embarrassoit son esprit en toutes ses intrigues à la cour (M. 10. B.). Dès aussitôt que les médecins auroient jugé à propos de le faire confesser (M.). Et peut être, d'autant que s'étant toujours ... (M. 10. B., S. 34, auch S. 279). Pourceque ist bei R. sehr häufig; Haase schreibt über diese Konjunktion: »Das kausale pourceque ist älteren Autoren ganz geläufig, in späterer Zeit zeigt es sich nur ganz vereinzelt. Vaugelas († 1650) erklärt parceque für gebräuchlicher bei Hof und guten Autoren als pourceque, das mehr dem Palais angehöre. Th. Corneille behauptet (um 1687), daß pourceque ganz durch parceque verdrängt sei und kaum noch vorkomme. Die Akademie (1. Auflage des Wörterbuches 1694) bezeichnet es als nicht mehr gebräuchlich.« Vielleicht war pourceque in der Verkehrssprache am Hofe weniger gebräuchlich als parceque, aber daß es bei guten Schriftstellern der 1. Hälfte des 17. J. dem parceque nachstand, wird unwahrscheinlich, wenn man berücksichtigt, daß R. pourceque sehr oft ·gebrauchte besonders in den Memoiren von 1637, und daß er grammatisch sehr sorgfältig arbeitete; ebenso oft findet man bei ihm parceque, selten puisque. Der Unterschied zwischen puisque und parceque ist bei ihm so wie heute noch. Das jetzt geschwundene pourceque ist nicht mit parceque gleichbedeutend. R. unterschied diese beiden Konjunktionen; bei ihm steht pourceque vor einem Satz, der ein Motiv zu einer Handlung enthält, parceque steht vor Sätzen, die einen äußeren oder sachlichen Grund enthalten. Haase scheint diese Unterscheidung in den von ihm untersuchten

Werken nicht gefunden zu haben. Die folgenden Beispiele, welche sich leicht verzehnfachen lassen, beweisen jene Unterscheidung deutlich.

En quoi la maison de Savoie recevoit un notable desavantage parceque jusqu' alors la maison d'Autriche l'avoit maintenue en égalité avec Venise (M. 10. B.). Au roi d'Espagne il ne demandoit rien, parcequ'en Espagne l'on n'innovoit pour personne (M. 10. B., S. 16). Mais elle (= l'entreprise) leur manqua, parceque leur avantgarde fut rencontrée par hasard de quelques carabins (M. 10. B.). On crut à propos de ne commencer pas la guerre en l'extremité où on le voyoit, tant parceque sa personne, ses forces et le secours de ses Etats étaient absolument nécessaires . . . que pourceque Madame et tout le conseil de Savoie demandoient avec instance que l'on pourvût à la sûreté de leurs Estats (M. 10. B., S. 28). Ledit père Monot faisoit tous les jours des conférences avec toutes sortes de personnes qui donnoient lieu de se méfier de lui, pourcequ'il sembloit avoir intelligence avec des personnes mal affectionnées à Sa Majesté (M. 10. B., S. 16). Le duc de Savoie, au commencement en fit grande difficulté, non pas tant pourcequ'il ne jugeât la chose bien faisable . . . mais pourcequ'il appréhendoit surtout d'être obligé à combattre (M. 10. B.). Il fut tardif à entrer dans la confiance avec le Roi et le cardinal, pourceque le maréchal de Toiras et le père Monot lui avoient jeté dans l'esprit tant de défiances de la bonne volonté de Sa Majesté qu'il ne s'en pouvoit assurer (M. 10. B.). Et pourcequ'il voyoit qu'il avoit peine de faire entrer son maître en créance certaine . . . il supposa (M. 10. B.).

## II. Die koordinirenden Konjunktionen.

Bei R. kommt si = cependant und si est-ce que oft vor, beides war im 17. J. ganz gewöhnlich (H. § 141). S'ils crurent quelquefois sa puissance être telle (M. 1. B.). Or, bien que cet homme désirât donner à un chacun grande opinion de sa faveur, si est-ce que sa fin principale étoit d'étonner les ministres par les apparences de son crédit (M. 1. B.).

Die koordinirenden Konj. wichen im 17. J. in ihrem Gebrauch vom heutigen wenig ab, und nur wenige der damals gebräuchlichen sind jetzt veraltet. Von R. ist hier nur zu bemerken, daß partant und ains oft bei ihm vorkommen.

Mais toutes deux femmes, et partant foibles et enclines à se rendre au parti qu'elles verroient le plus fort (M. 10. B., S. 34).

Über ains berichtet Haase im § 143 Anm., daß Malherbe es tadelt und Vaugelas es als bei guten Autoren und am Hofe nicht mehr gebräuchlich bezeichnet. R. unterschied mais und ains genau, und solange er ains gebrauchte; bei ihm ist ains = sondern, mais = aber; Haase hat diese Beobachtung nicht gemacht.

On représenta qu'il n'étoit pas à propos d'irriter l'Espagne à l'avénement du Roi à sa couronne ains qu'il valoit mieux s'allier avec elle par le noeud d'une double alliance (M. 1. B., S. 72). Il prit bien l'habit de prêtre, mais non pas l'esprit de la prêtrise, ains plutôt celui de la profession qu'il avoit faite auparavant (M. 1. B., S. 437). Ceste tempeste estrangère n'est pas plus tost calmée qu'un orage menace la France; mais incontinent elle asseure la bonnasse, dissipant les mauvais desseins (I..

1. B., Nr. 166). L'orage estant venu, elle ne perd point courage, ains parcequ'elle s'estoit mal trouvée d'éviter le naufrage en cédant aux ondes, elle se résout de faire force (L. 1. B., Nr. 166). Sans croistre sa recepte, ains la diminuant ... (L. 1. B., Nr. 166).

»Ains au contraire«, nannte Vaugelas einen scherzhaften Ausdruck; bei R. findet es sich in ernster Rede in den Memoiren von 1610, im letzten Band der Memoiren kommt ains nicht mehr vor, statt seiner immer mais.

### G) Koordinirte Satzglieder und Sätze.

Wiederholung des Artikels und attributiver Fürwörter.

(H. § 144.) Im 17. J. wurden der Artikel und die attrib. Fürwörter vor koordinirten Substantiven manchmal nicht wiederholt, wo es jetzt geschehen muß. R. wiederholte die attributiven Fürwörter meistens, wie es jetzt geschieht; bei der Wiederholung des Artikels verfuhr er sorgfältiger als seine Zeitgenossen und etwas freier als man jetzt thut. Zusammenstellungen wie Cette connaissance et sentiment bei Descartes, les miracles et doctrine bei Pascal findet man bei ihm nicht; er wiederholte den Artikel nicht vor Substantiven von gleichem Geschlecht oder Numerus, die dem Sinn nach zusammengefaßt werden.

Sans nous obliger à la pauvreté, la chasteté et obéissance (I.). Le Médecin, Chirurgien ou Apothicaire (I. S. 82). Les princes et estats qui la veulent aider (L. 1. B.). Dagegen: L'âme a comme trois parties ou puissances: la mémoire, l'entēdement, et la volonté (I.). En Italie les armes du Roi prospérèrent autant qu'on le pouvoit espérer dans la froideur et la crainte du duc de Savoie (M. 10. B.).

## Wiederholung der Präpositionen.

(H. § 145.) Präpositionen, auch de, en, à, wiederholt« R. gewöhnlich nicht; im 17. J. war es allgemein üblich, die Präpositionen nicht zu wiederholen.

## Kongruenz des Prädikates mit mehreren Subjekten.

(H. § 146.) Im 17. J. wurde manchmal nach mehreren nicht sinnverwandten Substantiven, selbst wenn eins von ihnen im Plural stand, ein singulares Prädikat gesetzt. z. B. Les délices et la paresse lui ôte le mouvement. Son malheur et le mien lui firent quitter le chemin et lui fit prendre celui de Vertueil. Solche auf Nachlässigkeit beruhende Fälle, welche auch bei Bossuet, Massillon und deren Zeitgenossen vorkommen, trifft man bei R. nicht.

## Wiederholung der pronoms conjoints in gleichem Kasus.

Hinsichtlich der Wiederholung der koordinirten pronoms conjoints schreibt Haase im § 147: »Bei koordinirten Personalformen (= Formen des Verbum finitum) verfuhr die ältere Sprache ziemlich willkürlich in der Wiederholung des pronom personnel als Subjekt und ebenso in der Wiederholung desselben als Objekt vor der Personalform, dem Infinitiv, Partizip resp. Gerundium. Auch das 17. J. zeigt viele Beispiele dieses Gebrauchs.« R. verfuhr meistens nicht willkürlich in der Wiederholung und Auslassung der pronoms conjoints; er ließ sie aus vor dem nachfolgenden Verb, wenn es mit dem ersten sinnverwandt oder eine Ergänzung dazu ist; er verfuhr mit den pronoms conjoints vor koordinirten Satzgliedern strenger als seine Zeitgenossen und etwas freier, als man jetzt thut.

Ils déclarèrent son mari et elle criminels de lèse majesté divine et humaine, pour réparation de quoi condamnèrent la mémoire du defunt à perpetuité, et elle à avoir la tête tranchée (M. von 1617, 1. B., S. 446). Mais je ne le voulus pas faire, parceque je savois que cela eût été préjudiciable à son service, et voulus montrer l'exemple d'une obéissance parfaite (M. 1. B., S. 471). Je le désire, et m'y sens obligé par toutes sortes de considérations (L. 1. B.).

Pronoms conjoints in ungleichem Kasus; Verben mit verschiedener Konjugation.

Im 17. J. kam es vor, daß zu mehreren Verben mit verschiedener Rektion nur ein Régime vor das erste gesetzt wurde, z. B. Cela ne m'a ni sauvé la vie ni obligé (H. § 148), auch setzte man zuweilen zu mehreren Verben mit verschiedener Konjugation in zusammengesetzten Formen nur ein Hilfsverb vor das erste (H. § 149), z. B. Moi qui ai été deux mois à Paris, et vu toute la cour. Solche Nachlässigkeiten, welche bei Pascal, Molière u. s. w. vorkommen, findet man bei R. nicht.

Koordinirte Relativsätze.

Über eine Nachlässigkeit beim Satzbau, die im 17. J. vorkam, schreibt Haase im § 150: »In koordinirten Relativsätzen war es der älteren Sprache geläufig, im 2. Satz statt des Relativs ein Personale eintreten zu lassen, aus dem Relativsatz in einen selbständigen Satz überzugehen. Dieser im 17. J. ganz allgemeine Gebrauch ist auch noch im 18. J. zu beobachten, z. B. Ils se mutinèrent contre les généraux contre lesquels ils tirèrent et les arrêtèrent prisonniers.« Auch diese grammatische Eigenheit des 17. J. kommt bei R. nicht vor.

Wiederholung der Konjunktionen.

Im 17. J. wurden die Konjunktionen manchmal nicht

durch que wiederholt, wie es jetzt geschieht; R. wiederholte sie meistens durch que.

Et afin que les Espagnols ne différassent à consentir ou effectuer ce que dessus, et qu'ils ne prissent sujet de tirer les affaires en longueur (M. 10. B.).

»Que« als Einleitung eines Kasussatzes wurde im 17. J. sehr oft nicht wiederholt. R. wiederholte dieses que nicht, wenn das folgende Prädikat mit dem ersten sinnverwandt ist oder mit ihm zusammengefaßt werden sollte.

Elle craignoit qu'il s'emportât d'orgueil envers elle et la méprisât (M. von 1617, 1. B.).

## H) Die Wortstellung.

1. Stellung des Subjektes in behauptenden Sätzen.

Ein substantivisches Subjekt steht bei R. vor seinem Prädikat, was in der 1. Hälfte des 17. J. nicht immer der Fall war; nur einmal habe ich bei ihm das Subj. zwischen Hilfsverb und Participe passé gefunden.

Estant le iurement institué pour remede de l'humaine imbecillité (I.).

Inversion eines pronominalen Subjektes kommt bei R. abweichend vom heutigen Sprachgebrauch vor nach or, seulement, bien, et, anderwärts im 17. J. auch nach si, possible u. s. w.

Mais bien y en avoit-il une (loi) par laquelle il étoit permis ... (M. 1. B.).

»Et« mit folgender Inversion hat nicht seine gewöhnliche kopulative Bedeutung, sondern konsekutive, es ent spricht dem deutschen »und dann« in konsekutivem Sinn. Diese Beobachtung hat Haase nicht gemacht.

En effet, on feint des subjects de plainte, et passe-t-on soubz silence ce pourquoy légitimement on nous doibt action de grâce (L. 1. B., Nr. 166). On les demande, et les accepte-t-on pour otage des rois, conjointement avec leurs enfans (M. Har.). Estant certain que le vray honneur n'est point sans amour, sans quelque obéissance et quelque service, et sert-on volontiers celuy qu'on aime avec sincérité (I.).

(H. § 156 a.) Im 17. J. wurde manchmal von 2 koordinirten Subjekten eins vor und eins hinter das Prädikat gestellt, z. B. car la faim renaît et le sommeil. Bei R. stehen auch koordin. Subjekte immer vor ihrem Prädikat.

2. Stellung des Objektes.

Das Objekt ist ein Substantiv:

Ein substant. Objekt steht bei R. immer hinter dem Prädikat; die Stellung der Dativ- und Akkusativobjekte nebeneinander ist fast immer der jetzt üblichen entsprechend. Bei anderen Schriftstellern des 17. J. steht ein substantiv. Objekt sehr selten vor einer einfachen Verbform, oft zwischen Hilfsverb und Partizip und das Dativobjekt zuweilen ohne Grund vor dem Akkusativobjekt.

Das Objekt ist ein pronom conjoint:

Bei R. haben die pronoms conjoints als Objekte nebeneinander dieselbe Stellung wie jetzt, übrigens kommen zwei nebeneinander bei ihm sehr selten vor; bei anderen Schriftstellern des 17. J. kommen Abweichungen von der jetzigen Stellung der pr. conj. vor. Uber die Stellung derselben beim Imperativ lassen sich in R.'s Schriften keine Beobachtungen machen. Nach dem Sprachgebrauch des 17. J. wurden von R. die pr. conj. nicht vor den sie regierenden Infinitiv, sondern vor das zu ihm gehörige Verb gestellt, wenn dieses keine Präposition nach sich verlangt.

Ce qui obligea ledit maréchal et ledit ambassadeur de

l'aller trouver (M. 10. B.). 11 les alloit rencontrer dehors la ville (M. 10. B.).

Das Objekt ist ein neutrales Demonstrativ: Neutrales ce statt cela als Objekt eines Infinitivs oder Partizips steht bei R. vor diesen. Haase hat diese Stellung von ce nicht beobachtet. Pour ce faire (I.). En ce faisant (I.).

### 3. Die Stellung der Adjektive.

(H. § 155.) Im allgemeinen stehen bei R. die Adjektive neben ihren Substantiven, wie sie heute noch stehen können; auch bei anderen Schriftstellern des 17. J. findet man keine nennenswerten Abweichungen von der jetzigen Adjektivstellung, außer daß manchmal von 2 Adjektiven, die jetzt beide vor oder beide hinter ihrem Substantiv stehen müssen, eins davor und eins dahinter gesetzt ist, z. B. une si belle action et si utile.

(H. § 156.) Von den Adjektiven, die ihre Bedeutung mit ihrer Stellung ändern, findet sich nur seul bei R. öfter; es steht fast immer vor seinem Substantiv. Haase hat gefunden, daß jene Adjektive im 17. J. noch keine geregelte Stellung hatten.

La seule maison de Savoie demeurât en arrière (M. 10. B.). Soit qu'ils y eussent agi de leur mouvement seul (M. 10. B., S. 391).

### 4. Die Stellung der Satzteile zu einander.

In der heutigen französischen Sprache wird im großen und ganzen der Grundsatz befolgt, dem Sinne nach zusammengehörige Wörter nebeneinander zu stellen, z. B. man schließt ein Relativ an sein Beziehungswort an, wenn auch dadurch ein Akkusativobjekt von seinem Prädikat getrennt wird; man trennt das Hilfsverb nicht von seinem

Partizip außer durch Negationen, einige Adverbien, rien und tout; man stellt präpositionale Ergänzungen unmittelbar hinter die Wörter, zu denen sie gehören u. s. w. Von jenem Grundsatz wichen die Schriftsteller des 17. J. mannigfach. Bemerkenswert sind folgende bei R. beobachtete Fälle:

a) Ein Infinitiv nicht nahe genug an sein Beziehungswort angeschlossen:
Cette assurance donna l'audace aux Anglais d'en tentei (H. 1. B.). Un tel procédé donneroit hardiesse aux Espagnols de nous attaquer (M. 1. B.).
Relativsätze sind bei R. immer so nahe als möglich an ihr Beziehungswort angeschlossen, andere Schriftsteller des 17. J. verfuhren hierbei weniger genau.

b) Hilfsverb und Partizip sind getrennt:
Lorsqu'elle seroit par lui interrogée (L. 1. B.).

c) Ein Nomen hat seine präpositionale Ergänzung nicht unmittelbar hinter sich:
Bei R. finden sich hierfür wenige Beispiele, häufige bei anderen Schriftstellern des 17. J.
Le traité de Loudun, prétendu violé par la détention, qu'ils qualifioient injuste, de M. le prince (M. 1. B., S. 391).

d) Eine Präposition und ihr zugehöriger Infinitiv sind getrennt:
Sans au préalable avoir eu (L. 1. B.). Sans néanmoins estre (L.). De non seulement luy rendre (L. 1. B., Nr. 166). Pour, par après, y remédier (L.). Elle n'ont bien moyen de ce faire (M. 1. B.).

e) Ein Infinitiv steht vor seinem Verbum finitum:
Le plus avant que faire se pourra (L. 1. B., Nr. 166).

### Hinsichtlich des Satzbaues.

Der Satzbau in R.'s Schriften, hauptsächlich in den ungefähr vor 1630 entstandenen, ist an vielen Stellen veraltet und manchmal mit dem jetzigen Sprachgebrauch unmöglich. R. hatte wie die Schriftsteller des 16. und manche des 17. J. die Eigentümlichkeit, abgeschlossene Thatsachen, die in irgend einem Zusammenhang mit einer anderen Thatsache stehen, genau an die Stelle zu setzen, wo man die Kenntnis davon verlangt, so daß eine an sich abgerundete Periode einem Satz subordinirt wurde; z. B. Il se représentoit que, quelque temps auparavant, il avoit parlé ouvertement contre Conchine, sur ce que n'ayant pas voulu laisser ses éperons, entrant au palais, les clercs s'en étoient tellement offensés qu'animés ... (M. 1. B.). Nähere Bestimmungen, die man jetzt durch vollständige Sätze ausdrücken würde, wurden von R. oft durch Adverbialien ausgedrückt, z. B. Le Roi pourroit penser que les motifs qui l'auroient portée à faire cette découverte, seroient ou la crainte qu'elle auroit qu'elle ne fût comme par autre voie, ou le dégoût qu'elle auroit pris de ceux qu'elle vouloit accuser, par la rencontre de quelques autres plus agréables à ses yeux ... (M. 1. B.). R. wendete oft subordinirte Nebensätze, besonders Partizipial- und Relativsätze an, wo man jetzt Hauptsätze oder koordinirte Nebensätze gebrauchen würde; infolgedessen sind relative Anschlüsse besonders mit ce qui, ce que, de ce que, à ce que, en ce que, contre ce que, sur ce que, quoi, pour quoi, sur quoi u. s. w. bei ihm sehr häufig. Statt mit einem Relativ anzuknüpfen, würde man in vielen Fällen jetzt den Satz vor demselben abbrechen und mit einem Demonstrativ, Personale oder ähnlich fortfahren; z. B. ... (il) en donna avis au Roi dès le 4 février, lui protestant qu'il demeureroit toujours de coeur ami de la France, et qu'il s'étoit conservé en neutralité avec Sa Majesté, laquelle ayant au un soin particulier de le secourir et envoyer, dès le commencement de l'année, le sieur de Baume pour faire cesser toutes les difficultés et retardemens que l'on apportoit à son secours, dont le sieur Fabio Scoti, qui étoit demeuré en Provence pour en recevoir l'effet, étoit témoin, eut cette satisfaction que ledit Scoti ayant ovis du duc ... (M. 10. B., S. 9). Das vorstehende Beispiel zeigt auch, daß R. Nebensätze sehr hoher Ordnung bildete, d. h. er setzte viele Nebensätze nach einander, von denen einer dem anderen untergeordnet ist. Bei der Modernisierung seiner Perioden würden nicht nur andere Arten Sätze gebildet werden müssen, sondern man müßte auch die Sätze oft in eine andere Reihenfolge bringen.

## Schluſs.

R.'s Schriften, die Briefe mitgerechnet, sind teils theologisch, teils geschichtlich. Seine theologischen Werke waren weit verbreitet und viel gelesen, auch nach seinem Tode. Für die Litteraturgeschichte haben sie keinen Wert, weil sich in ihnen keine frei schaffende Phantasie zeigt. Dasselbe gilt mehr oder weniger für die übrigen Schriften. Aber sie haben alle einen hohen Wert als Sprachdenkmäler. R. verfuhr bei allen seinen schriftlichen Arbeiten mit Sorgfalt, was man nicht nur an der Korrektheit der Sprache sieht, sondern auch äußerlich an den vielen Verbesserungen, die er eigenhändig an den Entwürfen und Diktaten seiner Briefe machte. Er war grammatisch geschult, dachte und drückte sich logisch aus und schrieb eine Sprache, die frei ist von jeglicher Künstelei, vielfach moderner als die seiner Zeitgenossen und die sich fast stets gleich bleibt in den grammatischen Erscheinungen.

Er übertrifft Pascal, Descartes, Corneille, Racine u. s. w. an Korrektheit der Sprache und kommt ihnen gleich an Genauigkeit des Ausdrucks. Bei ihm findet man keine der Eigentümlichkeiten der Sprache des 17. J., die auf Nachlässigkeit im Satzbau, unlogischem Denken oder Mangel an Übersichtlichkeit der Sätze u. dergl. beruhen. Wohl aber findet man jene Eigentümlichkeiten bei den hervorragendsten Autoren des 17. J. R.'s Sprache kann mit vollem Recht als die Vorstufe der Prosa der klassischen Zeit der französischen Litteratur angesehen werden. Denn die Prosa jener Zeit ist die Sprache des französischen Hofes, d. h. des hohen Adels, und ist von diesem ausgegangen, und der Kardinal R. lebte fast nur am Hofe, verkehrte nur mit den höchsten Würdenträgern des Reiches und hatte keine Gelegenheiten, Provinzialismen, veraltete Konstruktionen, vulgäre Wörter u. dergl. anzunehmen. Molière, Racine und andere Dichter und Schriftsteller des 17. J., die auch in Hofkreisen verkehrten, sind zwar im ganzen moderner als er, manchmal aber auch altertümlicher. R. dagegen bleibt sich syntaktisch gleich, bei ihm erscheint alles wie aus einem Guß, und das ist von Bedeutung, denn es charakterisiert ihn bei seiner Korrektheit als guten Prosaschreiber. Auch Avenel, der Herausgeber der Briefe R.'s, sagt unter anderem in seinem Urteil über ihn: mais il excellait dans ce genre où la clarté, l'ordre, la raison, l'adresse sont des qualités essentielles. Sans doute il y a dans les écrits de R. des pensées dont la hauteur vous étonne, dont la flamme vous éblouit, dont le sens révèle le grand politique; sans doute à travers ce style troup souvent diffus, légèrement atteint de l'enflure espagnole et du goût risqué d'Italie, percent çà et là le génie et l'âme de R. u. s. w.; hinsichtlich des Stiles R.'s ist Avenels Urteil zu hart.

Nicht nur in Bezug auf Syntax, sondern auch auf Satzbau sind R.'s Schriften von nicht zu unterschätzender Bedeutung. Je sorgfältiger R. schrieb, desto mehr strebte er kleine Satzgefüge zu bauen und desto weniger verknüpfte er die Sätze. Besonders in den Memoiren drückte er oft einen Gedankenabschnitt oder eine Gedankenperiode durch einen Hauptsatz mit vielen Nebensätzen aus, wodurch die Satzgefüge sehr lang wurden. Alles Nebensächliche mußte gleich in den Hauptsatz hinein; das ist zwar logisch ganz richtig, erschwert aber das Verständnis und läßt den Fortschritt der Gedanken bei aller Genauigkeit der Anordnung schwerfällig erscheinen. Solchen Satzbau findet man bei den meisten Schriftstellern des 16. und der 1. Hälfte des 17. J., z. B. Calvin, Amyot († 1593), Brantôme († 1614), d'Aubigné († 1630) u. s. w. Später wendete man viel mehr Hauptsätze an; daher kommt es, daß man in der Prosa der 2. Hälfte des 17. J. weniger Relativa und Participes présents findet, und daß eine Gedankenperiode gewöhnlich durch mehrere Hauptsätze mit Nebensätzen niedriger Ordnungen ausgedrückt ist. Dadurch gewann die Sprache Ebenmaß, Übersichtlichkeit und erschien gewandter. Bei R. findet man großen und kleinen Satzbau. Den letzteren, wie schon gesagt, in allen sorgfältig gemachten Arbeiten, besonders in Briefen. Seine Schriften liegen also als ein Moment gefaßt in einer Übergangszeit, aber auch, an sich betrachtet, zeigt sich ein Übergang in ihnen in Bezug auf den Satzbau. Bedeutsam ist, daß der moderne Satzbau bei größerer Sorgfalt des Verfassers erschien. So ist nun gezeigt, welche Bedeutung R.'s Schriften für die Geschichte der französischen Sprache, also für unsere Zeit haben. Aber sie hatten auch teilweise Wert für ihre Zeit. Da R.'s theologische Werke viel gelesen und weit verbreitet waren, und seine Briefe sehr zahlreich sind (man kennt etwa 5000, aber er hat viel mehr geschrieben) und ebenfalls viel gelesen und durch Schrift und Druck frühzeitig vervielfältigt wurden, so kann man behaupten, daß R. einen nicht unbedeutenden Einfluß auf die Entwickelung der französischen Prosa gehabt hat, besonders in Bezug auf richtige und knappe Ausdrucksweise und korrekte Anwendung der Grammatik.

Anmerkung: Benutzt wurden zu dieser Abhandlung: Die Schriften Richelieu's, soweit sie zu bekommen waren, A. Haase: Die Syntax der französischen Sprache im 17. Jahrh., Voltaire: Mensonges imprimés; von Einfluß waren: F. Lottheissen, Geschichte der franz. Litteratur im 17. J.; Darmsteter et Hatzfeld: Le Seizième Siècle en France, und Morceaux choisis des principaux écrivains etc. du XVI<sup>e</sup> S.